Daniela Kaminski

Pflegerische Versorgung in stationären Einrichtungen

Wie lässt sich die demographische Alterung meistern?

Bibliografische Information der Deutschen Nationalbibliothek:

Die Deutsche Nationalbibliothek verzeichnet diese Publikation in der Deutschen Nationalbibliografie; detaillierte bibliografische Daten sind im Internet über http://dnb.d-nb.de abrufbar.

Impressum:

Copyright © Science Factory 2019

Ein Imprint der Open Publishing GmbH, München

Druck und Bindung: Books on Demand GmbH, Norderstedt, Germany

Covergestaltung: Open Publishing GmbH

Inhaltsverzeichnis

Abkürzungsverzeichnis V

Abbildungsverzeichnis VI

Tabellenverzeichnis VII

Zusammenfassung (Abstract) VIII

1 Einleitung und Public Health Relevanz 1

    1.1 Forschungsstand in der Literatur 2

    1.2 Vorgehensweise und Zielsetzung der Arbeit 5

2 Methodik 7

3 Demographische Alterung 8

    3.1 Pflegebedürftigkeit 12

    3.2 Fachkräftemangel in stationären Einrichtungen 20

    3.3 Zwischenresümee 22

4 Zunahme und Veränderung des Pflegebedarfs 25

    4.1 Personalgewinnung und -bindung 29

    4.2 Verminderung der Versorgungsqualität 35

5 Maßnahmen zur Optimierung der pflegerischen Versorgung 38

    5.1 Employer Branding 41

    5.2 Digitalisierung der Pflege 47

6 Diskussion der Ergebnisse 55

7 Handlungsempfehlungen 57

8 Fazit und Ausblick 60

Literaturverzeichnis 61

Abkürzungsverzeichnis

ADI	Alzheimer's Disease International
BAuA	Bundesanstalt für Arbeitsschutz und Arbeitsmedizin
BGW	Berufsgenossenschaft für Gesundheitsdienst und Wohlfahrtspflege
BMWi	Bundesministerium für Wirtschaft und Technologie
BVDW	Bundesverband Digitale Wirtschaft e.V.
DIP	Deutsches Institut für angewandte Pflegeforschung e.V.
IKT	Informations- und Kommunikationstechnologien
IZA	Institut zur Zukunft der Arbeit
SVR	Sachverständigenrat

Abbildungsverzeichnis

Abbildung 1: Altersaufbau der Bevölkerung, Deutschland 1910 bis 2060 (In Prozent der Gesamtbevölkerung) 11

Abbildung 2: Pflegebedürftige Personen von 1999-2060 in Deutschland 13

Abbildung 3: Gesundheitspersonal nach Altersgruppen 2016 22

Abbildung 4: Zukunftserwartungen für die Pflege (n=3885) 32

Abbildung 5: Patientensicherheit durch Pflegepersonalkontakt pro Schicht (in %) 36

Abbildung 6: Qualitätsdreieck der Arbeitgeberpositionierung 44

Tabellenverzeichnis

Tabelle 1: Pflegebedürftige in Pflegeheimen 26

Zusammenfassung (Abstract)

Fragestellung: In dieser Arbeit geht es um die Herausforderungen für Krankenhäuser und Pflegeheime durch die demographische Alterung und Lösungsansätze, die die Zukunft der Pflege verbessern sollen.

Zielsetzung: Ziel ist es die Auswirkungen der alternden Gesellschaft auf den Pflegesektor darzustellen, Herausforderungen zu identifizieren und Maßnahmen vorzustellen, die es stationären Einrichtungen auch in Zukunft ermöglichen, wettbewerbsfähig zu bleiben und die pflegerische Versorgung aufrecht zu erhalten.

Inhalt der Arbeit: Die Menschen in Deutschland werden zunehmend älter, denn die Lebenserwartung steigt. Gleichzeitig nimmt jedoch auch die Pflegebedürftigkeit und die Anzahl altersassoziierter Erkrankungen zu. Das stellt die stationären Einrichtungen vor große Herausforderungen, denn der Fachkräftemangel nimmt stetig zu. Gleichzeitig sind die vorhandenen Pflegekräfte überlastet und unzufrieden. Sie wechseln den Beruf oder scheiden frühzeitig krankheitsbedingt aus. Maßnahmen wie das Employer Branding oder die Digitalisierung sollen neue Ansätze schaffen, um diese Probleme zu bekämpfen.

Ergebnisse: Die Zunahme der alten Bevölkerung und die gleichzeitige sinkende junge Bevölkerung führen zu einer erhöhten Nachfrage nach Gesundheitsleistungen. Es fehlt jedoch an Fachkräften, die diesen wachsenden Pflegebedarf auffangen. Prognosen zufolge wird es zu einem Versorgungsdefizit kommen, so dass zukünftig nicht genug Pflegepersonal zur Verfügung steht, um die Anzahl Pflegebedürftiger zu versorgen. Gleichzeitig sind die aktuellen Belastungen in dem Pflegeberuf so hoch, dass ein Kreislauf aus fehlendem Nachwuchs und dem Verlust der bestehenden Pflegekräfte entsteht. Ohne geeignete Maßnahmen zur Personalgewinnung und -bindung wird der Pflegebedarf in naher Zukunft nicht mehr zu bewältigen sein.

Schlussfolgerung: Die stationären Einrichtungen müssen sich aktiv mit den neuen Anforderungen an die Pflege auseinandersetzen. Dazu muss vor allem in die Mitarbeitergewinnung und -bindung investiert werden, sowie die Attraktivität des Pflegeberufs gesteigert werden.

Zur besseren Lesbarkeit wird in dieser Arbeit auf geschlechtsspezifische Formulierungen verzichtet. Sämtliche personenbezogenen Bezeichnungen sind geschlechtsneutral zu verstehen.

1 Einleitung und Public Health Relevanz

Die Menschen in Deutschland werden immer älter, wodurch sich nun eine „Gesellschaft des langen Lebens" entwickelt (Robert Koch-Institut 2015a, S. 437). Die Pflege steht aufgrund der demographischen Alterung vor großen Herausforderungen. In Deutschland lebten im Jahr 2016 82,5 Millionen Menschen (Statistisches Bundesamt, 2018). Jede(r) fünfte Deutsche war 65 Jahre und älter (21%). Im Jahr 2060 wird voraussichtlich jeder dritte Mensch 65 Jahre und älter sein (33%). Die Zahl der über 80-Jährigen stieg von 1999 bis 2013 von 2,9 Millionen auf 4,4 Millionen an (Statistisches Bundesamt, 2015b). Mit erhöhtem Alter erhöht sich die Wahrscheinlichkeit für altersassoziierte Erkrankungen und die Abnahme der körperlichen und geistigen Leistungsfähigkeit. Folglich kommt es zu Einschränkungen bei der Bewältigung alltäglicher Aufgaben. Daraus resultiert im Alter häufig eine Hilfs- und Pflegebedürftigkeit und eine Einschränkung des selbstbestimmten Lebens (Robert Koch-Institut, 2015b). Mit zunehmendem Alter steigt auch der Pflegebedarf an, dieser liegt bei den 65- bis 69-Jährigen bei 3%, bei den 80-84-Jährigen bereits bei 21% und bei den über 90- Jährigen bei 64% (DIP, 2017). Aktuell gibt es 3,3 Millionen Pflegebedürftige in Deutschland, 2030 werden es bereits 4,1 Millionen sein (Bundesministerium für Gesundheit, 2018).

Im Jahr 2015 wurden 708.000 (33%) der Pflegebedürftigen über 65 Jahre in Pflegeheimen versorgt. Mit dem Alter steigt auch die Wahrscheinlichkeit, auf einen Pflegeheimplatz angewiesen zu sein. Bei den 65- bis 69-Jährigen mussten 22% der Pflegebedürftigen in Pflegeheimen versorgt werden, bei den über 90-Jährigen waren es schon 46% (Statistisches Bundesamt, 2015b). Nicht selten kommt es im Alter zudem zu einer Vielzahl von Erkrankungen zur gleichen Zeit, was dazu führt, dass ältere Menschen durchschnittlich häufiger und länger im Krankenhaus verbleiben als jüngere (Statistisches Bundesamt, 2010). 2014 war daher fast jeder zweite Krankenhauspatient 65 Jahre oder älter (Statistisches Bundesamt, 2016a). Zusätzlich wird die Belegschaft in stationären Einrichtungen[1] immer älter, qualifizierter Nachwuchs fehlt, und immer mehr ältere Menschen müssen pflegerisch versorgt werden (Statistisches Bundesamt, 2015b). Folglich ist die Arbeitsbelastung in der Pflege hoch und die Ausfälle können kaum noch kompensiert werden (Bräutigam, Dahlbeck, Enste, Evans, Hilbert, 2010). Der Bedarf an Pflegekräften

---

[1] Unter stationären Einrichtungen werden in dieser Arbeit Krankenhäuser und Pflegeheime verstanden.

nimmt durch die demographische Alterung somit stetig zu. 2016 waren ca. 2 Millionen Menschen in stationären oder teilstationären Einrichtungen beschäftigt. 2025 könnte der Bedarf an Pflegepersonal bereits 27% höher liegen als 2005. Das heißt 2025 würden rund 200.000 Pflegekräfte fehlen (Bundesministerium für Gesundheit, 2018). Schon heute besteht ein Mangel an qualifizierten Fachkräften, und den vorhandenen Pflegekräften fehlt die Zeit für fachgerechte und zuwendungsorientierte Pflege und Betreuung. Der Pflegesektor stößt bereits jetzt an die Grenzen seiner Leistungsfähigkeit. Damit entsteht eine große Herausforderung, den wachsenden Bedarf an informellen und professionellen Helfern zu decken. Zusätzlich wird die Personalgewinnung und -bindung für stationäre Einrichtungen immer schwieriger, die Pflegekräfte leiden zunehmend unter den physischen und psychischen Belastungen ihres Berufs und sind unzufrieden mit der Gesamtsituation der Pflege. Das kann zu gravierenden Folgen für die pflegerische Versorgungsqualität führen (DIP, 2017).

Die demographische Entwicklung bringt die Gesellschaft und auch die stationären Einrichtungen somit in große Schwierigkeiten. Treibender Faktor dafür ist die Altersentwicklung in Deutschland aber auch die Zunahme der Einpersonenhaushalte, die erhöhte Erwerbstätigkeit von Frauen und die im Alter zunehmende Anzahl schwerwiegender Erkrankungen. Es droht ein Versorgungsnotstand, der in 20 bis 30 Jahren dazu führen kann, dass heute 40- bis 50-Jährige nicht mehr die Versorgung erhalten, die sie benötigen (Bertelsmann Stiftung, 2012). Das Gesundheitssystem wird in seiner jetzigen Verfassung nicht mehr zukunftsfähig sein (WifOR Wirtschaftsforschung, 2010). Nachfolgend wird nun der Forschungsstand in der Literatur zu den Herausforderungen für die stationären Einrichtungen der Pflege ausgeführt.

1.1 Forschungsstand in der Literatur

Das Thema „Herausforderungen für die Pflege" wird in der Literatur sehr einheitlich betrachtet. Vor allem die demographische Alterung und ihre Auswirkungen auf die Gesellschaft und ihre Gesundheit sind ein zentraler Forschungsschwerpunkt. Bereits 2009 befasste sich das Robert Koch-Institut mit dem Thema „Gesundheit und Krankheit im Alter" und beschäftigte sich mit der Veränderung der Altersstruktur und der Alterung der Bevölkerung in Deutschland, sowie den daraus resultierenden Auswirkungen auf die Gesundheit (Böhm, Tesch-Römer, Ziese, 2009). 2015 erforschte das Robert Koch-Institut zudem welche Auswirkungen der demographische Wandel auf die Gesundheit hat (Robert Koch-Institut, 2015a) und wie gesund ältere Menschen wirklich sind (Robert Koch-Institut, 2015b). Zur gleichen Zeit widmete sich auch das Statistische Bundesamt dem Thema „Generation 65+" und kam wie das Robert Koch-Institut zu der Einschätzung, dass die steigende Pflegebedürftigkeit in Zukunft ein Problem darstellen wird (Statistisches Bundesamt, 2015b). 2016 erweiterte das Statistische Bundesamt seine Erkenntnisse mit der Zusammenfassung „Ältere Menschen in Deutschland und der EU", in der eine weitere Zunahme der Hochbetagten, der Lebenserwartung und der Pflegebedürftigkeit thematisiert wurde (Statistisches Bundesamt, 2016a). Unterstützend dazu gibt das Statistisches Bundesamt jedes Jahr die Pflegestatistik mit aktuellen Zahlen bekannt. Die Publikationen des Robert Koch-Instituts und des Statistischen Bundesamts gehören zur Grundliteratur, wenn es um die demographische Alterung geht.

Weitere Erkenntnisse gibt es zu dem Bereich des Fachkräftemangels. Hierzu wurden 2015 von der Hochschule Hannover einige Daten zu der Unterbesetzung und zu dem Personalmehrbedarf in Krankenhäusern zusammengetragen, die aufzeigen, dass in Deutschland Stellen abgebaut wurden und dies heute zu erhöhten Arbeitsbelastungen und Fachkräftemangel führt (Simon, 2015). Zu ähnlichen Ergebnissen kommt auch die Darstellung von Afentakis und Maier 2010, die die Projektionen des Pflegebedarfs bis 2025 aufweist (Afentakis und Maier, 2010). Die Aussagen stehen zudem im Einklang mit jenen von Hämel und Schaeffer 2012, die feststellen, dass die professionelle Pflege aufgrund aktueller Entwicklungen immer wichtiger wird und nicht genügend Fachkräfte zur Verfügung stehen, um diese zu übernehmen (Hämel und Schaeffer, 2012). Unterstützend dazu verfasste die Bertelsmann Stiftung 2013 den Themenreport „Pflege 2030", der auf die zu erwartende Entwicklung in der Pflege eingeht und die Bedeutung des Themas „Wachsende Bevölkerung und Pflegebedarf" hervorhebt (Bertelsmann Stiftung, 2012).

Zusätzlich gibt es einige Studien, die im Bereich der Herausforderungen für die Pflege durchgeführt wurden. Dazu zunächst die Studie des Forschungsinstituts Betriebliche Bildung aus dem Jahr 2009, welches das Älterwerden in der Krankenhauspflege untersucht hat. Dabei wurden vor allem die Belastungen des Pflegepersonals betrachtet, sowie das Problem der zunehmenden Versorgung älterer Patienten (Freiling, 2009). Im gleichen Jahr erforschte die BGW das „Älter werden im Pflegeberuf" und gab nach einer Analyse der grundsätzlichen Probleme erste Anreize und Empfehlungen zur Erhaltung der Mitarbeiter in dem Beruf bis zur Rente (BGW, 2014). 2010 erschien die Studie der WifOR Wirtschaftsforschung zu dem Thema „Fachkräftemangel bis 2030", die sich auf öffentlich zugängliche Daten bezieht und ebenfalls drastische Engpässe in der Personalbesetzung im ambulanten und stationären Bereich darstellt (WifOR Wirtschaftsforschung, 2010). Zusätzlich wurden mithilfe der internationalen RN4Cast Studie 2011 die Arbeitsbelastungen für das Personal in der Pflege erfasst und vor allem das Burnoutrisiko als dramatisch eingestuft (Aiken et al., 2011). Zu dem selben Ergebnis, einer sehr hohen Arbeitsbelastung in der Pflege, kam 2015 auch der Pickert Report (Stahl und Nadj-Kittler, 2015). Zur Bekämpfung dieser Herausforderungen wurden auch Erkenntnisse zu Handlungsempfehlungen und Maßnahmen zusammengetragen. Dazu wurde 2011 das Gutachten für das Bundesministerium für Familie zum Thema „Familienfreundliche Arbeitszeiten" erstellt, in dem es vor allem um die Senkung der Arbeitsbelastungen durch Planungssicherheit geht (IZA, 2011). Das BMWi erstellte 2012 zusätzlich eine Studie, die sich mit den Chancen zur Gewinnung von Fachkräften beschäftigte. Darin werden Möglichkeiten wie die Erhöhung des Arbeitsvolumens, Umschulungen oder Lohnelastizität thematisiert (BMWi, 2012). Unterstützend dazu referierten Benedix und Medjedovic 2014 zu den Gestaltungsoptionen für die Pflege aus Sicht der Beschäftigten (Benedix und Medjedovic, 2014). Insgesamt sind die Sichtweisen, dass die Pflege mit hohen Belastungen und Problemen in der Personalgewinnung einhergeht, in allen Publikationen erkennbar.

Die Digitalisierung der Pflege ist ein sehr neues Thema und ist daher noch nicht umfassend erforscht. Es gibt kaum Studien zu den Auswirkungen neuer Technologien auf die Pflege, ebenso wenig wie es Erfahrungsberichte gibt. 2015 veröffentlichte die BAuA einen Bericht zu dem Thema „Intelligente Technik in der beruflichen Pflege" in dem es um die Chancen und Risiken einer Pflege 4.0 geht (BAuA, 2015). 2017 erschien die Studie im Auftrag der Hans-Böckler-Stiftung, die sich damit beschäftigte, ob mehr Technik auch zu besserer Arbeit im Krankenhaus führt. Dazu wurde eine Befragung deutscher Krankenhäuser durchgeführt. Es stellte sich heraus, dass die Mitarbeiter zwar an Technologisierung interessiert sind, sie jedoch am Häufigsten nur zur Datenbeschaffung genutzt wird. So sind einige Techniken weit verbreitet, während andere Neuerungen gar nicht umgesetzt werden. Aufgrund der geringen Repräsentativität und der kleinen Stichprobe konnten zudem keine gesicherten Erkenntnisse zum Thema Digitalisierung geliefert werden. Eine ähnliche Einschätzung ergibt sich aus der Studie des DIP 2017 zu dem Thema e-Pflege in Bezug auf IKT. Es stellte sich heraus, dass die IKT in der Pflege auf wenig Akzeptanz und Wissen stoßen (DIP, 2017). Unterstützend dazu erschien der Forschungsbericht der BGW zu dem Thema „Pflege 4.0", der die einzelnen Wirkungen und Verbreitungen neuer Technologien durch eine Befragung analysierte. Auch hier stellte sich heraus, dass die Studienlage aktuell noch unbefriedigend ist und die Entwicklung neuer Techniken gehemmt wird. Mitarbeiter sind zudem mit dem Umgang neuer Techniken überfordert (BGW, 2017).

Bei dem Employer Branding ist es ähnlich. Es gibt wenig abgesicherte Erkenntnisse über die Wirkung, da das Thema zwar eine große Popularität erfährt, dies jedoch in der Forschung noch nicht umgesetzt wurde. So sind es eher Grundliteraturen wie von Sponheuer 2010 und Kanning 2017, die das Thema Employer Branding näher erläutern sollen. Erkenntnisse aus umgesetzten Projekten findet man jedoch nicht. Im nun folgenden Kapitel wird das Vorgehen in dieser Arbeit und ihre Zielsetzung erläutert.

1.2 Vorgehensweise und Zielsetzung der Arbeit

Das Hauptziel der Bachelorarbeit ist es, die aktuelle Situation der demographischen Alterung in Deutschland darzustellen und die daraus entstehenden Herausforderungen, für den Pflegebereich in Krankenhäusern und Pflegeheimen aufzuführen. Dadurch sollen vor allem Ausmaß und Ursachen des Fachkräftemangels analysiert und Handlungsmöglichkeiten für bessere Bedingungen in dem Pflegeberuf abgeleitet werden. Es soll verdeutlicht werden, vor welchen Problemen der Pflegesektor aktuell steht und wie wichtig es ist, Lösungen für den aktuellen Versorgungsnotstand zu finden bzw. einzuführen. Die aufgeführten Lösungsansätze sollen Möglichkeiten aufzeigen, sich als „idealer" Arbeitgeber zu präsentieren und sich von anderen Unternehmen abzugrenzen, um so einen Vorteil in der Personalgewinnung und -bindung zu haben.

Zu Beginn der Arbeit wurde bereits kurz in das Thema eingeleitet und die Public Health Relevanz erläutert. Unter 2. erfolgt eine kurze Beschreibung der Methodik bevor in dem 3. Kapitel die Darstellung des theoretischen Hintergrunds zu dem Bereich der demographischen Alterung erfolgt. Dazu wird der Begriff „demographische Alterung" definiert und es erfolgt die Aufführung statistischer Daten zu dem Bevölkerungsstand und der Bevölkerungsvorausberechnung in Deutschland, sowie u.a. zur aktuellen Alterung der Menschen und der Lebenserwartung. Unter 3.1. wird die Pflegebedürftigkeit näher erläutert und statistische Daten dazu aufgeführt. Zur Untermauerung dieses Punktes werden unter 3.1.1. die altersassoziierten Erkrankungen näher erläutert. Dazu werden hauptsächlich Parkinson, Demenz und Herz-Kreislauf-Erkrankungen betrachtet. Die Erkrankungen werden definiert und ihre Verbreitung in Deutschland festgehalten. Danach wird unter 3.1.2. der Begriff der Multimorbidität im Alter definiert und die Merkmale aufgeführt. Mit 3.2.

erfolgt eine ausführliche Darstellung des aktuellen Fachkräftemangels in stationären Einrichtungen. Mit dem dritten Kapitel sollen zunächst die Begrifflichkeiten definiert werden, sowie aufgezeigt werden, welche Probleme durch die demographische Alterung entstehen und welche Faktoren in den Pflegebereich einfließen.

Nach der Darstellung des theoretischen Hintergrunds zu dem Thema werden unter 4. die Herausforderungen für die stationären Einrichtungen beschrieben. Dabei wird die Einleitung in dieses Kapitel mit der Zunahme und der Veränderung des Pflegebedarfs begonnen, da dies eine grundsätzliche und wichtige Herausforderung ist vor der stationäre Einrichtungen stehen. Untermauert wird dieser Punkt mit dem Problem der Personalgewinnung und -bindung. Dieses stellt eine zentrale Herausforderung dar, um den wachsenden Pflegebedarf zu decken. Unter 4.1.1. und 4.1.2. werden die Probleme erläutert, die dazu führen, dass die Personalgewinnung und -bindung im Pflegebereich erschwert ist. Anschließend erfolgt unter 5. die Aufführung möglicher Maßnahmen, um die aufgezeigten Probleme zu minimieren. Hierzu werden mehrere Möglichkeiten in Betracht gezogen und als Hauptbeispiele das Employer Branding und die Digitalisierung der Pflege aufgeführt. Mit dem 6. Punkt wird die Diskussion der Ergebnisse eingeleitet. Hierzu werden die gewonnenen Erkenntnisse zunächst zusammengefasst und anschließend entsprechende Schlussfolgerungen und Handlungsempfehlungen (7.) daraus abgeleitet. Zuletzt erfolgt die Verfassung des Fazits und des Ausblicks.

Zur Übersichtlichkeit wurde in einigen Kapiteln mit Unterüberschriften gearbeitet, die in kursiv dargestellt werden. Nun erfolgt die Darstellung des methodischen Vorgehens.

2 Methodik

Zur Beantwortung der Fragestellung wurde die Vorgehensweise der reinen Literaturarbeit gewählt. Daten, Zahlen und Fakten zur demographischen Alterung und der Bevölkerungsentwicklung in Deutschland liefern u.a. das Statistische Bundesamt und das Robert Koch-Institut. Für die durchgeführte Literaturrecherche wurden Bücher und die Datenbanken Google Scholar, PubMed, der Bibliothekskatalog der Universität Bielefeld und Livivo gesichtet. Die zentralen Suchbegriffe für die Recherche waren „Herausforderungen für das Gesundheitswesen", "Fachkräftemangel", "Personalgewinnung", "Pflege 4.0", „Employer Branding", „Digitalisierung der Pflege", „Probleme der pflegerischen Versorgung", „Pflegebedürftigkeit", „altersassoziierte Erkrankungen", „demographische Alterung", „Belastungen des Pflegepersonals", „Multimorbidität" und „Optimierung der pflegerischen Versorgung". Die Begriffe wurden in unterschiedlichen Kombinationen und durch Einsatz boolescher Operatoren wie AND, OR und NEAR verwendet. Bei der Recherche wurden ausschließlich deutsch- und englischsprachige Publikationen berücksichtigt. Um inhaltlich in das Thema einzusteigen, wurden die Abstracts und Einleitungen der gefunden Texte gelesen. Die als relevant identifizierten Quellen wurden als Gesamttext gelesen. Im nächsten Schritt wurden die Literaturverzeichnisse der Texte durchgesehen, um so weitere wichtige Quellen zu identifizieren. Diese Methode wurde gewählt, um ein breites Spektrum an Publikationen zusammenzutragen, die in diese Arbeit miteinfließen.

3 Demographische Alterung

Der demographische Wandel bezeichnet die Veränderungen der Bevölkerungsstruktur und der Bevölkerungszahl. Die demographische Alterung hingegen ist ein langwieriger, langsam verlaufender Prozess, bei dem es zu einer sinkenden Anzahl junger Menschen bei gleichzeitig steigender Anzahl älterer Menschen kommt (Nowossadeck, 2013a),(Robert Koch-Institut, 2015a). Es lassen sich drei Arten der Alterung unterscheiden. Dazu zählen das biologische Alter der Zellen, das abnutzungs- und krankheitsbedingte Alter der Organe und des Körpers sowie das rechnerisch ermittelte Durchschnittsalter eines Menschen bzw. die Lebenserwartung (Birg und Flöthmann, 2002). Innerhalb der Lebensphase „Alter" lassen sich drei Altersgruppen unterscheiden. Zu den „Jungen Alten" zählen Personen zwischen 60 bis 70 Jahren. Zu der Gruppe der „Alten" gehören Personen im Alter von 70 bis 85 Jahren. Die häufige Gruppierung der „Hochbetagten oder Hochaltrigen" wird ab 80 bis 85 Jahren verwendet (Thieme, 2008). Die demographische Alterung hängt im Wesentlichen von drei Determinanten ab. Dazu zählt die Mortalität, darunter fallen die Lebenserwartung und die Sterblichkeit eines Menschen. Dafür wird auf die Periodensterbetafeln zurückgegriffen, die seit 1971 erstellt werden. Aus ihnen gehen die Lebenserwartung bei Geburt, also die Zeitspanne von der Geburt bis zum Tod eines Menschen, sowie die ferne Lebenserwartung (die noch zu erwartenden Lebensjahre für bereits ältere Menschen) hervor. Als zweites die Fertilität, dieses bezeichnet die durchschnittliche Kinderzahl pro Frau. Das heißt die Anzahl der Kinder, die eine Frau im Laufe ihres Lebens zur Welt bringt. Als dritter und letzter Faktor wird die Differenz aus den Zu- und Fortzügen, der sogenannte Wanderungssaldo genannt (Sporket, 2011).

Lebenserwartung und Sterblichkeit

Mithilfe der Lebenserwartung kann das Sterbegeschehen einer Bevölkerung in einer bestimmten Region für einen bestimmten Zeitraum gemessen werden. Die Lebenserwartung gibt an, wie lange ein Mensch in einem bestimmten Alter noch zu leben hätte (Böhm et al., 2009). Die Lebenserwartung in Deutschland nimmt stetig zu, während ein Rückgang der Sterblichkeit zu beobachten ist. Grund dafür sind vor allem die bessere medizinische Versorgung, eine ausgewogene Ernährung, die wachsenden Hygienestandards, verbesserte Arbeits- und Wohnbedingungen sowie der steigende materielle Wohlstand (Statistisches Bundesamt, 2015a). Die Lebenserwartung neugeborener Jungen betrug in Deutschland 2014/2016 78,3 Jahre und bei den Mädchen 83,2 Jahre (Statistisches Bundesamt, 2018). Seit dem 19.

Jahrhundert hat sich die Lebenserwartung von Neugeborenen mehr als verdoppelt. Ebenso ist die fernere Lebenserwartung gestiegen. Ein 1871/1881 60-jähriger Mann hatte im Durchschnitt noch 12,1 Jahre zu leben. 2012/2014 lag die ferne Lebenserwartung für einen 60-Jährigen bereits bei 21,5 Jahren. Noch deutlicher wird es bei der Lebenserwartung der Frau. 1871/1881 lag die ferne Lebenserwartung einer 60-jährigen Frau bei 12,7 Jahren, 2012/2014 bei durchschnittlichen 25,2 Jahren (Statistisches Bundesamt, 2016a). Das zeigt, immer mehr Menschen werden immer älter und die Sterblichkeit geht zurück. Im Jahr 2016 starben 911.000 Menschen. Im Vergleich zu 2015 ist die Anzahl um 1,5 % gesunken (Statistisches Bundesamt, 2016c). Zukunftsprognosen sprechen 2060 von einer Lebenserwartung von 89,2 bis 91,2 Jahren bei Frauen (+6-8 Jahre) und 85 bis 87,7 Jahren bei Männern (+ 7-9 Jahre) (Pompe, 2012).

Geburtenentwicklung

Die zusammengefasste Geburtenziffer betrug 2016 in Deutschland 1,59 Kinder je Frau (Statistisches Bundesamt, 2016b). Sie umfasst dabei alle altersspezifischen Geburtenziffern für Frauen im Alter von 15 bis 49 Jahre für ein Kalenderjahr und gibt an, wie viele Kinder je Frau geboren würden, wenn jede Frau das Geburtenverhalten der 15 bis 49-Jährigen im jeweiligen Kalenderjahr aufweisen würde. Durchschnittlich bekommen die Frauen in Deutschland zwei Kinder (Bundesinstitut für Bevölkerungsforschung, 2016). 2016 wurden 792.131 Kinder geboren. Das ist eine Steigerung von 7% zum Jahr 2015 (Statistisches Bundesamt, 2016b). Trotz der steigenden Geburtenanzahl kann die Zahl der Neugeborenen die Elterngeneration nur zu zwei Dritteln ersetzen. Denn die Zahl potenzieller Mütter nimmt kontinuierlich ab. In den 1980er Jahren lebten noch 17,1 Millionen Frauen im gebärfähigen Alter in Deutschland, 2014 waren es bereits 3 Millionen weniger. Selbst bei gleichbleibend hohem Geburtenniveau wird die Zahl der Neugeborenen langfristig abnehmen. Zusätzlich verschiebt sich die Geburt des ersten Kindes in ein immer höheres Lebensalter der Frauen. Mütter bekommen ihr erstes Kind heute durchschnittlich 6,5 Jahre später als im Jahr 1970. Ebenfalls von Bedeutung ist die wachsende Anzahl kinderloser Frauen. In Deutschland sind 19,9% der Frauen kinderlos. Die steigende Kinderlosigkeit ist ein zunehmender Einflussfaktor für die Entwicklung des Geburtenniveaus (Bundesinstitut für Bevölkerungsforschung, 2016). Mit Blick auf den vorherigen Abschnitt wird deutlich, dass trotz einer steigenden Geburtenzahl und einer sinkenden Sterblichkeit aktuell mehr Menschen in Deutschland sterben als geboren werden. Auch zukünftig wird eine wachsende Geburtenzahl bei einer sinkenden Sterblichkeit nicht automatisch dazu führen, die demographische Alterung zu stoppen. Das sich über Jahrzehnte entwickelte Ungleichgewicht innerhalb der Altersstrukturen bleibt weiter bestehen (Statistisches Bundesamt, 2016c).

Wanderungsverhalten

Neben der Geburtenentwicklung und der Sterblichkeit spielt auch das Wanderungsverhalten eine Rolle für die demographische Alterung. Ca. 80% der Wanderungen werden von ausländischen Staatsangehörigen vollzogen (Statistisches Bundesamt, 2015a). Häufigste Gründe für Wanderungen sind Erwerbsmigration, Familiennachzug oder der Zuzug von Asylbewerbern (Bundesinstitut für Bevölkerungsforschung, 2016). 2016 gab es insgesamt 1.865.000 Zuzüge und 1.365.000 Fortzüge in Deutschland. Das sind 272.000 Zuzüge (13%) weniger und 368.000 Fortzüge mehr (37%) als im Jahr 2015. Daraus ergibt sich ein Wanderungssaldo von 500.000. Die Zahl der Fortzüge deutscher Staatsbürger stieg von 146.000 auf 281.000 Personen im Jahr 2016 an. Daraus ergibt sich ein durch Wanderungen bedingter Verlust deutscher Staatsbürger von 135.000 Personen (Statistisches Bundesamt, 2016d). Die Abwanderung deutscher Staatsbürger ist jedoch häufig nur vorübergehend aufgrund eines Arbeitsverhältnisses oder eines Studiums. Zwei Drittel kehren innerhalb von sieben Jahren nach Deutschland zurück (Bundesinstitut für Bevölkerungsforschung, 2016).

Veränderung der Altersstruktur

In dem Altersaufbau einer Bevölkerung spiegeln sich diese drei Entwicklungen der Geburten, der Sterblichkeit bzw. der Lebenserwartung und des Wanderungsverhaltens wieder. Gleichzeitig ist der Altersaufbau der Bevölkerung entscheidend für die zukünftige Bevölkerungsentwicklung, denn dieser stellt ihre Ausgangsbasis dar. Jahrhundertelang gab es in Deutschland die klassische Alterspyramide. In den letzten 100 Jahren hat sich die Altersstruktur jedoch deutlich verändert. In Abbildung 1 lässt sich für das Jahr 1910 noch diese klassische Alterspyramide erkennen. Lediglich die Geburtenzahlen waren dort bereits rückläufig. Aber auch 1910 herrschte keine ideale Altersverteilung, weil eine hohe Sterblichkeit der Bevölkerung erkennbar ist. Zusätzlich lässt sich bereits der Anfang der demographischen Alterung in Deutschland erkennen. Bereits im Jahr 1950 zeigt sich ein deutlich schmaler werdender Bereich der jungen Bevölkerung, sowie große Verluste durch den Krieg. Im Jahr 2014 zeigt sich eine weitere Abnahme der jungen Bevölkerung und eine sehr stark besetzte Generation der sogenannten „Babyboomer-Jahrgänge" (Bundesinstitut für Bevölkerungsforschung, 2016). Babyboomer sind die

Menschen, die in den Jahren 1959 bis 1968 geboren wurden. Diese Jahre gelten als geburtenstärkste Jahrgänge (Menning, Nowossadeck, Maretzke, 2010). Bis 2060 wird sich der Trend der immer älter werdenden Gesellschaft weiter fortsetzen. Die Alterspyramide wird sich wie in Abbildung 1 zu erkennen, nach aktuellen Erkenntnissen fast umgekehrt haben. Während immer mehr Menschen ein hohes Lebensalter erreichen, wird die Anzahl junger Menschen weiter abnehmen. (Bundesinstitut für Bevölkerungsforschung, 2016). Diesen Anstieg des Anteils älterer Menschen an der Bevölkerung wird auch als „Alterung von oben" bezeichnet (Böhm et al., 2009).

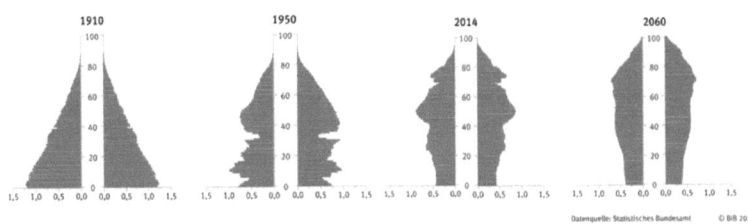

Abbildung 1: Altersaufbau der Bevölkerung, Deutschland 1910 bis 2060
(In Prozent der Gesamtbevölkerung)

Abnahme der Erwerbstätigenquote

Die veränderten Altersstrukturen der Bevölkerung in Deutschland bzw. die demographische Alterung haben auch Auswirkungen auf die Erwerbstätigenquote. Bei der Erwerbstätigenquote wird „die Zahl der Erwerbstätigen in Bezug zur Gesamtzahl der Bevölkerung im gleichen Alter und Geschlecht" (Bundesinstitut für Bevölkerungsforschung, 2016, S. 21) gesetzt. Die Bevölkerung im Erwerbsalter ist von der demographischen Alterung stark betroffen. Als Erwerbsalter werden hierbei die Jahre von 20 bis 64 Jahren bezeichnet. 2013 zählten 49,2 Millionen Menschen zu dieser Altersgruppe. 2030 werden es nur noch 44 bis 45 Millionen sein und bis 2060 wird die Zahl auf ca. 38 Millionen Menschen sinken. Bis 2060 wird die erwerbsfähige Altersgruppe der 20- bis 29- Jährigen um 3 Millionen abnehmen. Bei den 30- bis 49- Jährigen werden es 5 Millionen Personen und bei den 50- bis 64- Jährigen 4 bis 5 Millionen weniger sein. Aktuell wird die Gruppe der Erwerbstätigen noch von den Babyboomern, die zwischen 40 und 60 Jahre alt sind, dominiert. In den kommenden Jahren wird diese Gruppe jedoch aus dem Erwerbsalter ausscheiden. Somit werden der Bevölkerung im Erwerbsalter immer mehr Senioren gegenüberstehen. Auf 100 Personen im erwerbsfähigen Alter entfielen 2013 34

Personen, die über 65 Jahre waren. Im Jahr 2060 werden es bereits 65 Personen sein (Statistisches Bundesamt, 2015a).

Alterung der Bevölkerung in Deutschland

Im Jahr 2013 bestand die Bevölkerung zu 18 % aus Kindern und jungen Menschen unter 20 Jahren, zu 61 % aus 20- bis unter 65- Jährigen und zu 21% aus 65-Jährigen und Älteren. Bereits im Jahr 2060 wird sich die Verteilung gravierend verändern. Dann wird jeder Dritte (33%) das 65. Lebensjahr erreicht haben und es werden doppelt so viele 70-Jährige leben, wie Kinder geboren werden. Der Anteil der unter 20-Jährigen wird auf 16 % absinken, der Anteil der 20-bis 65-Jährigen auf 51 bis 52 %. Vor allem die Zahl der älteren Menschen wird weiter steigen. 2013 lebten 4,4 Millionen Menschen im Alter von 80 Jahren in Deutschland (5,4 % der Bevölkerung). 2030 werden es bereits 6,5 Millionen und 2060 9 Millionen Hochbetagte sein. Das heißt, jeder achte Mensch wird 2060 80 Jahre und älter sein (13% der Bevölkerung). Es zeigt sich, dass unsere Gesellschaft zunehmend von einer immer älter werdenden Bevölkerung geprägt wird (Statistisches Bundesamt, 2015a).

Einen großen Anteil daran haben die Babyboomer Jahrgänge, die aktuell die am stärksten besetzte Altersgruppe bilden. 2025 werden sie das Rentenalter erreicht haben. Gleichzeitig haben diese geburtenstarken Jahrgänge selbst weniger Kinder zur Welt gebracht, so dass die nachfolgenden Jahrgänge deutlich schwächer besetzt sind (Statistisches Bundesamt, 2016a). Das bedeutet ein Großteil der Bevölkerung ist durch das zunehmende Lebensalter auch der Wahrscheinlichkeit für bestimmte Krankheiten und Funktionseinschränkungen ausgesetzt. Das Zusammentreffen von biologischem Altern und der demographischen Alterung führt daher dazu, dass altersassoziierte Erkrankungen zunehmen und die pflegerische Versorgung in stationären Einrichtungen vor neuen Herausforderungen steht (Robert Koch-Institut, 2015d). Im nachfolgenden Abschnitt wird daher zunächst auf die Pflegebedürftigkeit in Deutschland eingegangen und anschließend auf den Anstieg der altersassoziierten Erkrankungen.

3.1 Pflegebedürftigkeit

Laut SGB XI gelten Personen als pflegebedürftig, die durch körperliche, kognitive oder psychische Beeinträchtigungen nicht in der Lage sind, regelmäßig wiederkehrende Verrichtungen des täglichen Lebens ohne fremde Hilfe durchzuführen. Die Beeinträchtigung muss für mindestens sechs Monate bestehen (§ 14 Abs. 1 SGB XI). In Deutschland galten 1999 ca. 2 Millionen Menschen als pflegebedürftig, 2015 stieg die Zahl auf ca. 2,9 Millionen pflegebedürftige Menschen an (Statistisches Bundesamt, 2017b). Aktuell sind es bereits 3,3 Millionen Pflegebedürftige in Deutschland, das sind ca. 4 % der Gesamtbevölkerung (Bundesministerium für Gesundheit, 2018).

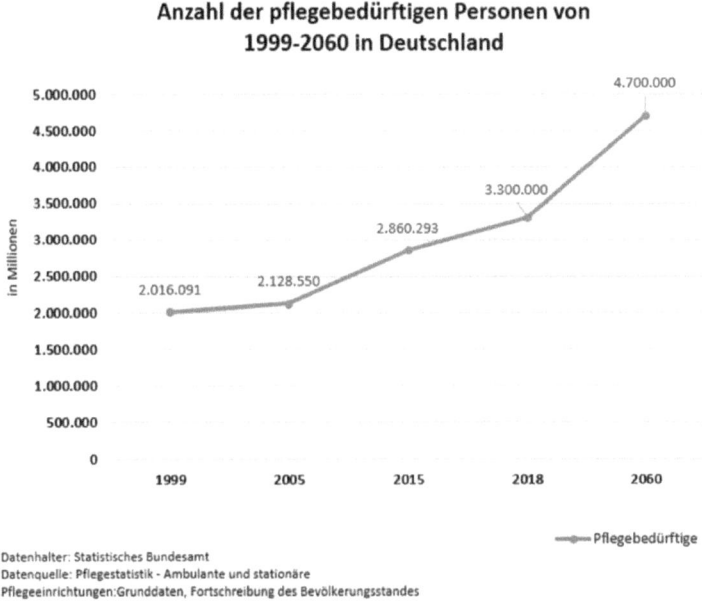

Abbildung 2: Pflegebedürftige Personen von 1999-2060 in Deutschland

42 % der Pflegebedürftigen wiesen zusätzlich eine stark eingeschränkte Alltagskompetenz auf. 83 % der Pflegebedürftigen waren 65 Jahre oder älter, 37 % 85 Jahre oder älter (Statistisches Bundesamt, 2017b). Mit jedem weiteren Lebensjahr steigt das Risiko, pflegebedürftig zu werden um 20 bis 25 % an (van den Bussche et al., 2014). Während bei den 70- bis 75-Jährigen 5 % (jeder Zwanzigste) pflegebedürftig waren, waren es bei den über 90-Jährigen bereits 66 %. Frauen ab dem 85. Lebensjahr weisen zudem eine stärkere Pflegequote (44 %) auf als Männer des gleichen Alters (31 %). Frauen sind demnach deutlich häufiger von Pflegebedürftigkeit betroffen als Männer. Zusätzlich wächst ihr Pflegebedarf im Alter schneller an (Statistisches Bundesamt, 2017b). 71% der Pflegebedürftigen 2013 wurden zuhause und 29 % (764.000 Personen) vollstationär in Pflegeheimen versorgt. Mit zunehmendem Alter gewinnt die stationäre Pflege an Bedeutung. So wurden 22 % der 65- bis 69-Jährigen stationär in Pflegeheimen versorgt, bei den über 90-

Jährigen waren es bereits doppelt so viele (Statistisches Bundesamt, 2016a). Vorausberechnungen zufolge wird die Zahl der Pflegebedürftigen weiter ansteigen. Für das Jahr 2030 wird mit einem Zuwachs von 800.000 Pflegebedürftigen gerechnet. 2060 werden es dann bereits 4,7 Millionen pflegebedürftige Menschen in Deutschland sein (Bundesinstitut für Bevölkerungsforschung, 2016).

Mit zunehmendem Alter steigt auch der Anteil der Personen, die sich gesundheitlich eingeschränkt fühlen. 18 % der 65- bis 69- Jährigen fühlten sich 2013 krank oder waren unfallverletzt. Bei den 70- bis 75- Jährigen stieg die Zahl auf 21 % und in der Altersgruppe ab 75 Jahre waren es bereits 28 % (Statistisches Bundesamt, 2015a). Die Wahrscheinlichkeit im Laufe des Lebens, pflegebedürftig zu werden beträgt bundesweit durchschnittlich 56,7 % bei Männern und 74,2 % bei Frauen (Rothgang, Kalwitzki, Müller, Runte, Unger, 2015). Personen aus niedrigen sozialen Schichten haben zudem ein höheres Risiko im Alter pflegebedürftig zu werden als solche aus besser gestellten Verhältnissen (Unger, Giersiepen, Windzio, 2015). Relevant ist zudem auch die Pflegedauer. Laut dem Barmer Pflegereport 2015 waren im Jahr 2013 ca. 22 % der verstorbenen Männer und 41 % der verstorbenen Frauen über zwei Jahre lang pflegebedürftig. Anhand gezielter Berechnungen mithilfe aller im Jahr 2013 erfassten Pflegebedürftigen wurde die Pflegebedürftigkeitsdauer bei 40 bis 51 % der pflegebedürftigen Männer und bei 55 bis 65 % der pflegebedürftigen Frauen auf mindestens 2 Jahre geschätzt. Im Durchschnitt dauert die Pflegebedürftigkeit, wenn sie nach dem 60. Lebensjahr eintritt, bei Frauen 4,9 Jahre und bei Männern 3,6 Jahre. Tritt die Pflegebedürftigkeit früher ein ist die Pflegebedürftigkeitsdauer deutlich höher. Werden alle Altersklassen miteinbezogen, liegt die Pflegebedürftigkeitsdauer für Männer bei ca. 7 Jahren und bei Frauen bei 6,4 Jahren (Rothgang et al., 2015). Da die Pflegebedürftigkeit ein allgemeines Lebensrisiko ist und die Mehrheit der Bevölkerung im Laufe ihres Lebens betrifft, sollte ihr eine entsprechende Aufmerksamkeit entgegen gebracht werden (Zok, 2011). Neben der Zunahme der älteren Bevölkerung ist es vor allem der Gesundheitszustand, der darüber entscheidet, ob und ich welchem Alter Jemand pflegebedürftig wird (Nowossadeck, 2013b). Daher wird im nun nachfolgenden Abschnitt die steigende Anzahl altersassoziierter Erkrankungen thematisiert.

3.1.1 Steigende Anzahl altersassoziierter Erkrankungen

Im vorangehenden Kapitel wurde ausführlich auf die Pflegebedürftigkeit eingegangen. Diese ist nicht selten die Folge bestimmter Erkrankungen, die die Mobilität einschränken oder zu kognitiven Veränderungen führen (Böhm et al., 2009). Zu den häufigsten altersassoziierten Erkrankungen gehören Herz-Kreislauf-Erkrankungen wie der Herzinfarkt, Hypertonie oder der Schlaganfall, kognitive Erkrankungen wie Demenz und Morbus Parkinson, Stoffwechselerkrankungen wie Diabetes mellitus Typ II, Muskel- und Skeletterkrankungen wie Arthrose und Krebserkrankungen (Robert Koch-Institut, 2015a). Hinzu kommen im Alter vermehrt auftretende Gesundheitsprobleme wie eine eingeschränkte Seh- und Hörfähigkeit, Inkontinenz und Stürze (Robert Koch-Institut, 2015b). Nicht selten führen altersassoziierte Erkrankungen zu vermehrten Krankenhausaufenthalten und einer starken Einschränkung der Lebensqualität (van den Bussche et al., 2011).

Die Lebensjahre, die in Gesundheit verbracht werden nehmen zu und trotzdem steigt mit dem Älterwerden das Risiko, gesundheitlich beeinträchtigt zu sein. Die steigende Zahl älterer Menschen hat auch Einfluss auf die Häufigkeit chronischer und altersassoziierten Erkrankungen (Bundesinstitut für Bevölkerungsforschung, 2016). In fortgeschrittenem Alter ist somit ein Anstieg der Gesundheitsprobleme zu erkennen, sowohl in der Anzahl als auch in der Komplexität der Erkrankungen. Die Erkrankungen älterer Menschen sind häufig irreversibel und erhöhen das Risiko, nicht mehr selbständig für die Lebensführung sorgen zu können sowie an Mobilität zu verlieren (Böhm et al., 2009). In dessen Folge kommt es zu einer gesteigerten Pflegebedürftigkeit, zu einem zunehmendem Pflegebedarf und einer veränderten Bedarf an Gesundheitsleistungen (SVR, 2009). Das Risiko pflegebedürftig zu werden, ist bei einigen Erkrankungen besonders hoch. Hierzu zählen Demenzerkrankte mit einem 10-fach erhöhten, Schlaganfallpatienten mit einem 4,5-fach erhöhten und Personen mit Herzinsuffizienz mit einem 1,7-fach erhöhten Risiko (van den Bussche et al., 2014). Nachfolgend werden nun zum genaueren Verständnis die wichtigsten, häufig zur Pflegebedürftigkeit führenden, altersassoziierten Erkrankungen näher erläutert.

Demenz

Der Begriff Demenz stammt aus dem Lateinischen und bedeutet übersetzt „ohne Verstand". Bei Demenzerkrankten kommt es zu Veränderungen im Gehirn, die dazu führen, dass die Orientierung, Sprache, Lernfähigkeit sowie die Gehirnleistungen zunehmend eingeschränkt werden (Berlin-Institut für Bevölkerung und Entwicklung, 2011). Die häufigste Form der Demenz ist Morbus Alzheimer. Dabei kommt es zu dem Abbau von Gehirnmasse durch das Verklumpen bestimmter Synapsen in den Nervenzellen. Bei der vaskulären Demenz hingegen kommt es zu einem Mangel an Sauerstoff und verstopften Blutgefäßen im Gehirn, wodurch bestimmte Hirnzellen absterben. Demenz ist ein schleichender Prozess und verläuft individuell verschieden (Bundesministerium für Familie, Senioren, Frauen, o.D.). Weltweit leiden 46,8 Millionen Menschen an Demenz[2]. Alle drei Sekunden kommt eine demenzkranke Person hinzu (ADI, 2015).

In Deutschland leben 1,6 Millionen Demenzkranke. Bis 2050 wird die Zahl auf 3 Millionen Demenzkranke angestiegen sein. Eine wesentliche Rolle spielt dabei das Alter. Zwei Drittel der Erkrankten sind 80 Jahre oder älter. Jedes Jahr gibt es 300.000 neuerkrankte Personen. Die Inzidenzrate steigt im Altersverlauf stark an und liegt bei den 65- bis 69-Jährigen bei ca. 0,5 % und bei den 90-Jährigen und Älteren bereits bei 10 % pro Jahr (Bickel, 2010). Aufgrund der demographischen Alterung gibt es mehr Neuerkrankte als Sterbefälle an Demenz. Daher wird die Zahl der Demenzkranken weiter ansteigen (Deutsche Alzheimer Gesellschaft e.V., 2014). Es zeigt sich, dass sich die Kosten, die durch Demenz verursacht werden, im Krankheitsverlauf mehr als verdoppeln. Der größte Kostenanteil entfällt dabei auf die Pflege Demenzkranker (Quentin, Riedel-Heller, Luppa, Rudolph, König, 2010). Demenz gilt als eine der wesentlichen Ursachen für Pflegebedürftigkeit im Alter und führt im weiteren Krankheitsverlauf nicht selten zu einem Umzug in ein Pflegeheim. Durchschnittlich weisen zwei von drei Bewohnern in Pflegeheimen eine Demenz auf (DIP, 2018). Auch unter den Krankenhauspatienten in Deutschland weist jeder fünfte ältere Mensch eine dementielle Veränderung auf (Pinkert und Holle, 2012). Das zeigt, wie wichtig die zukünftige Planung der Pflegemöglichkeiten ist (Luppa et al., 2010). Die Versorgung der an Demenz erkrankten Personen stellt die Gesellschaft schon heute vor große Herausforderungen (Robert Koch-Institut, 2015b).

Morbus Parkinson

Morbus Parkinson ist nach Demenz die zweithäufigste neurodegenerative Erkrankung. Sie verläuft schleichend und betrifft Regionen des zentralen und peripheren Nervensystems. Die typischen Symptome sind Bewegungsarmut bzw. Bewegungslosigkeit, Zittern, und Muskelstarre. Die Prävalenz der Erkrankung liegt bei mehr als 1 % der Gesamtbevölkerung. Mit dem Alter steigt das Risiko an Parkinson zu erkranken. Bei den über 80-Jährigen liegt die Prävalenz bereits bei 5 % der Gesamtbevölkerung (Pan-Montojo und Reichmann, 2015). Das Risiko im Laufe des Lebens an Parkinson zu erkranken liegt bei Frauen bei 1,3 % und bei Männern bei 2 % (Lill

---

[2] In der Literatur beziehen sich die statistischen Daten immer allgemein auf alle Demenzformen.

und Klein, 2017). Männer sind häufiger betroffen als Frauen. Pro Jahr kommen 16 bis 19 neue Fälle pro 100.000 Einwohner dazu (Pan-Montojo und Reichmann, 2015). Die im Alter zunehmend ansteigende Prävalenz wird zu einer wachsenden finanziellen und sozialen Belastung führen.

Herz-Kreislauf-Erkrankungen

Herz-Kreislauf-Erkrankungen zählen zu den häufigsten Todesursachen im Erwachsenenalter. Darunter vor allem der Myokardinfarkt, die koronare Herzkrankheit (KHK) und der Schlaganfall (Härle und Elsässer, 2014). Die KHK ist eine chronische Erkrankung des Herzens bei der es zu einer Verengung der Herzkrankgefäße kommt. Folglich kommt es zu einer Mangeldurchblutung des Herzmuskelgewebes und anschließend zu einer Herzinsuffizienz, einem Myokardinfarkt oder Herzrhythmusstörungen. Diese Folgeerkrankungen zeichnen sich durch eine hohe Sterblichkeit und eine Beeinträchtigung des Gesundheitszustandes aus (Robert Koch-Institut, 2015c). Bei einem Schlaganfall kommt es zu plötzlich auftauchenden Durchblutungsstörungen und in dessen Folge zu Lähmungen, Störungen der Sinne, der Sprache und des Bewusstseins (Böhm et al., 2009).

In Europa stirbt jeder sechste Mann und jede siebte Frau an den Folgen eines Myokardinfarktes (Steg et al., 2012). In Deutschland können 40 % aller Todesfälle auf Herz-Kreislauf-Erkrankungen zurückgeführt werden. Männer erkranken zudem häufiger an Herz-Kreislauf-Erkrankungen als Frauen. Laut der GEDA Studie 2014/2015 bestand bei 3,7% der Frauen und 6 % der Männer innerhalb der letzten 12 Monate eine KHK. Mit zunehmendem Alter steigt das Risiko für Herz-Kreislauf-Erkrankungen ebenfalls an. Die Prävalenz liegt bei unter 45-Jährigen bei unter 1 %, bei Frauen und Männern ab 75 Jahre liegt die Prävalenz bereits bei 16 bzw. 24 % (Robert Koch-Institut, 2017). Ca. 85 % der Schlaganfälle treten bei Personen ab 60 Jahren auf (Böhm et al., 2009). Das Risiko nach einem Myokardinfarkt oder Schlaganfall dauerhaft auf Pflege angewiesen und in der Lebensqualität eingeschränkt zu sein, ist hoch (Robert Koch-Institut, 2006). Zu den Risikofaktoren für Herz-Kreislauf-Erkrankungen zählen Hypertonie, Diabetes mellitus, Adipositas, sowie individuelle Verhaltensweisen wie Rauchen, ungesunde Ernährung und mangelnde Bewegung. Diese Faktoren sind aus Public Health Sicht besonders relevant, da sie beeinflussbar sind (Gößwald, Schienkiewitz, Nowossadeck, Busch, 2013).

Die Hypertonie (Bluthochdruck) gehört dabei zu den wichtigsten Risikofaktoren für Herz-Kreislauf-Erkrankungen. Sie entsteht durch das Zusammenwirken unterschiedlicher Faktoren wie, Erbanlagen, Alter, Geschlecht und ungesunde Ernährung. Begünstigt wird die Hypertonie durch Übergewicht, hohen Alkoholkonsum, Bewegungsmangel und Stress. Hypertonie ist in der Bevölkerung weit verbreitet. Ca. jeder zweite Erwachsene (44% der Frauen und 51 % der Männer zwischen 18 bis 79 Jahren) ist davon betroffen (Janhsen, Strube, Starker, 2008). Im Alter kommt es zu einer steigenden Hypertonieprävalenz. So weist in der Altersgruppe der über 65-Jährigen über die Hälfte der Personen eine Hypertonie auf. Laut der DEGS 1-Studie 2008 bis 2011 wiesen innerhalb von 12 Monaten 5 % der Frauen und 10 % der Männer in der Altersgruppe der 18- bis 44-Jährigen eine Hypertonie auf. Bereits ab 45 Jahren steigt die Prävalenz auf 30 % der Frauen und 34 % der Männer an. In der Altersgruppe der 70- bis 79-Jährigen zeigte sich bei 74,7 % der Frauen und 73,6 % der Männer eine Hypertonie (Robert Koch-Institut, 2014). Ein weiterer Risikofaktor für Herz-Kreislauf-Erkrankungen ist der erst im Alter auftretende Diabetes mellitus Typ II. Hierbei handelt es sich um eine chronische Stoffwechselerkrankung, bei der es zu einer Störung der Blutzuckerregulierung kommt. Unbehandelt oder schlecht eingestellt führt Diabetes zu Schädigungen der Nerven und Blutgefäße und kann dadurch Herzinfarkte oder Schlaganfälle begünstigen (Chen, Magliano, Zimmet, 2011). Die Entstehung eines Diabetes mellitus Typ II wird durch die selben Faktoren wie eine Hypertonie begünstigt. Die Prävalenz liegt bei 50-Jährigen bei weniger als 5 %, bei den 60- bis 69-Jährigen bereits bei 13,8 % und bei den 70- bis 79-Jährigen bei ca. 22 % (Robert Koch-Institut, 2016).

Herz-Kreislauf-Erkrankungen verursachen die höchsten Kosten für das Gesundheitssystem. 2015 waren es 46,4 Milliarden Euro. Das sind ca. 13,7 % der gesamten Krankheitskosten. Die Demenzerkrankung, die bereits im Kapitel zuvor behandelt wurde, tritt an zweiter Stelle auf. Auf die Gruppe der psychischen Störungen entfielen 44,4 Milliarden Euro (13,1 % der gesamten Krankheitskosten) (Statistisches Bundesamt, 2017a). Herz-Kreislauf-Erkrankungen zählen zu den häufigsten Erkrankungen im Alter. Sie verursachen hohe Kosten für das Gesundheitssystem und weisen eine hohe Sterblichkeit und das Risiko für Pflegebedürftigkeit auf. Aktuelle Studien zu dem Thema Herz-Kreislauf-Erkrankungen stellen eine wichtige Grundlage zur Abschätzung der zukünftigen Krankheitslast und des Versorgungsbedarfs in Deutschland dar (Gößwald, Schienkiewitz, Nowossadeck, Busch, 2013).

Nicht selten kommt es im Alter zu einer Kombination mehrere chronischer Erkrankungen oder Gesundheitsprobleme, was eine Multimorbidität zur Folge hat. Der Aspekt der Multimorbidität wird im nun folgenden Kapitel näher erläutert.

3.1.2 Zunahme der Multimorbidität im Alter

Durch die Verschiebung der Altersstruktur zu einer vermehrt älteren Gesellschaft und den Anstieg des Krankheitsrisikos durch die zunehmende Lebenserwartung ergibt sich, dass die Anzahl der chronischen Erkrankungen, der immer älter werdenden Bevölkerung, stetig wächst (Nowossadeck, 2012). Der Fachausdruck „Multimorbidität" bezeichnet in diesem Zusammenhang das gleichzeitige Auftreten von zwei oder mehr Erkrankungen bei einer Person (Dodel, 2014). Davon abzugrenzen ist die Komorbidität, welche als Vorgängerkonzept der Multimorbidität bereits im Jahr 1970 definiert wurde. Bei der Komorbidität gibt es eine Haupterkrankung, die sich klar von den anderen Erkrankungen abgrenzen lässt, und der das Hauptinteresse gilt (Feinstein, 1970). 1976 wurde das Konzept der Multimorbidität erstmals von einem Allgemeinmediziner in einer Zeitschrift veröffentlicht. Erst in den 1990er Jahren entwickelte sich aus dem anfänglichen Konzept eine umfassende Definition (Le Reste et al., 2013). Multimorbidität ist mehr als das Auftreten mehrerer chronischer Erkrankungen und ist häufig mit Inkontinenz, Immobilität, Sturzgefahr und Schmerzen verbunden (Dodel, 2014). Zusätzlich treten Begleiterscheinungen wie Appetitlosigkeit, Erschöpfung oder Schlafstörungen auf. Nicht selten treten sie in Wechselwirkung mit altersphysiologischen Einschränkungen wie verringertes Gleichgewicht, abnehmende Muskelmasse sowie Seh- und Hörschwierigkeiten auf (Scheidt-Nave, Richter, Fuchs, Kuhlmey, 2010). Die Wahrscheinlichkeit einer Multimorbidität nimmt mit steigendem Alter zu. Die Prävalenz steigt bei Personen ab 65 Jahren an, variiert im nationalen und internationalen Vergleich jedoch stark (Dodel, 2014).

Laut einer deutschen Studie mit 120.000 über 65-jährigen befragten Patienten wurden 62 %, mit mindestens drei Erkrankungen, als multimorbid bezeichnet. Werden auch die Patienten mit zwei Erkrankungen berücksichtigt waren es sogar 73 %, die eine Multimorbidität aufwiesen. Durchschnittlich wurden 5,8 gleichzeitig auftretende Erkrankungen gefunden. Zu den häufigsten Erkrankungen zählten u.a. Hypertonie, Diabetes mellitus, koronare Herzkrankheiten und Arthrosen (van den Bussche et al., 2011).

Ergebnisse der GEDA- Studie 2009 ergaben, dass 75,8 % der Frauen und 68 % der Männer im Alter von 65 bis 75 Jahren zwei oder mehr gleichzeitig auftretende chronische Erkrankungen aufwiesen. Ab 75 Jahren waren es bereits 81,7 % der Frauen und 74,2 % bei Männern. 27,3 % der Frauen und 19,6 % der Männer von 65 bis 74 Jahren wiesen fünf oder mehr gleichzeitig auftretende chronische Erkrankungen auf. Ab 75 Jahren waren es 34,6 % der Frauen und 25,9 % der Männer (Fuchs,

Busch, Lange, Scheidt-Nave, 2012). Multimorbidität gilt heutzutage als häufigste Krankheitskonstellation, wenn Patienten mit dem Gesundheitssystem in Kontakt treten. Die Tendenz ist steigend (Battegay, 2014). Aufgrund der hohen Spezialisierung und Forschung an einzelnen Erkrankungen stellt die Multimorbidität im aktuellen Gesundheitssystem große Probleme dar. Es kommt zu einer verringerten Lebensqualität, einem Verlust an Mobilität und Selbständigkeit, einer vermehrten Inanspruchnahme von Gesundheitsleistungen, einer Zunahme des Medikamentenverbrauchs und nicht selten zu einem erhöhten Pflegebedarf, sowie Schnittstellenproblemen im ambulanten und stationären Bereich (Schüle, 2013).

Die aktuellen Strukturen im Gesundheitssystem werden den Anforderungen multimorbider Patienten nicht gerecht. Es kommt zum Verlust einer koordinierten und integrierten Versorgung, da unterschiedliche Leistungserbringer mit der medizinischen Versorgung beauftragt werden (Battegay, 2014). Dabei ist die medizinische Versorgung multimorbider Patienten komplex. Es müssen Medikamente aufeinander abgestimmt werden, da bei Multimorbidität häufig mehrere Medikamente benötigt werden, und es zu gefährlichen Neben- und Wechselwirkungen kommen kann. Gleichzeitig müssen die individuellen Lebensumstände der älteren Menschen berücksichtigt werden (Robert Koch-Institut, 2015b). Es besteht kein Zweifel daran, dass die Multimorbidität von hoher sozialmedizinischer und gesundheitsökonomischer Bedeutung ist. Eine Multimorbidität ist fast immer mit einer dauerhaften oder wiederkehrenden medizinischen Behandlung verbunden. Die Zahl der Arztbesuche und der Krankenhausaufenthalte nimmt zu, und die Krankheitskosten steigen. Eine weitere unumkehrbare Folge der Multimorbidität ist die Pflegebedürftigkeit. Sie stellt ein zentrales Versorgungsproblem in einer immer älter werdenden Gesellschaft dar (Scheidt-Nave et al., 2010). Zu diesem Versorgungsproblem zählt auch der wachsende Fachkräftemangel, der im nächsten Kapitel bearbeitet wird.

3.2 Fachkräftemangel in stationären Einrichtungen

Das Gesundheitswesen gehört zu den größten Arbeitsmärkten in Deutschland (Jandová, 2011).Trotzdem wurden in deutschen Krankenhäusern zwischen 1997 und 2007 ca. 50.000 Stellen abgebaut. 2008 stieg die Zahl der Pflegekräfte wieder leicht an, dennoch gab es 2013 noch ca. 35.000 Vollzeitpflegekräfte weniger als 1996 (Simon, 2015). 2016 arbeiteten ca. 5,5 Millionen Menschen im Gesundheitswesen (Statistisches Bundesamt, o.D.). Davon ca. 20 % (ca. 1,06 Millionen Menschen) in der Gesundheits- und Krankenpflege und 11 % (594.000 Menschen) in der Altenpflege (Statistisches Bundesamt, o.D.). Aktuelle Statistiken gehen von einem zunehmenden Bedarf an Pflegepersonal aus, der die heutigen Beschäftigtenzahlen deutlich übersteigt. Dadurch würden im Jahr 2025 200.000 Pflegefachkräfte fehlen (Afentakis und Maier, 2010). Bis zum Jahr 2030 könnten bereits 500.000 zusätzliche Vollzeitpflegekräfte benötigt werden. Prognosen, die die Versorgungslücke erfassen sollen, haben dabei eine große Spannweite an fehlenden Fachkräften. Ursächlich dafür sind unterschiedliche Vorannahmen über die Entwicklung der Pflegewahrscheinlichkeit (Bertelsmann Stiftung, 2012).

Die Schwierigkeiten offene Stellen zu besetzen, liegen hauptsächlich an der insgesamt unzureichenden Bewerberlage und der mangelnden Qualifikation der Bewerber (DIP, 2018). Zusätzlich wird zu wenig Personal ausgebildet und das vorhandene Potenzial nicht richtig ausgeschöpft. Das führt häufig zur unfreiwilligen Teilzeitarbeit. In der stationären Pflege wurden in den letzten Jahren die Teilzeitarbeitsverhältnisse mehr als verdoppelt, während 7800 Vollzeitstellen abgebaut wurden (Wübker, 2015). Aktuell wird von 17.000 offenen und direkt zu besetzenden Stellen in den Pflegeberufen ausgegangen. Ca. 14.000 davon entfallen auf Stellen für die eine dreijährige Pflegeausbildung benötigt wird (DIP, 2018). Eine internationale Studie von 2009/2010 zur personellen Besetzung in Krankenhäusern fand heraus, dass Deutschland unter 12 europäischen Ländern am schlechtesten abschnitt. 2010 wurden in Deutschland 100 Krankenhauspatienten von 12,3 Pflegekräften versorgt, in England waren es 22,5 Pflegekräfte, in den Niederlanden 29,8 und in Norwegen 42,9 Pflegekräfte pro 100 Krankenhauspatienten (Simon, 2015). Zusätzlich werden aufgrund der demographischen Alterung mehr Pflegekräfte in den Ruhestand gehen, als neue Pflegekräfte in den Pflegeberuf eintreten (Nowossadeck, 2013a). 2016 waren 16 % der Beschäftigten 30 Jahre oder jünger, 21 % 30 bis 39 Jahre, 24 % 40 bis 49 Jahre, 28 % 50 bis 59 Jahre und 11 % 60 Jahre oder älter. Im Jahr 2030 werden durch den Eintritt ins Rentenalter zwischen 351.000 und 491.000 Pflegekräfte der stationären Einrichtungen in Rente gehen. Das sind ca. 45 bis 60 % des beschäftigten Personals (WifOR Wirtschaftsforschung, 2010).

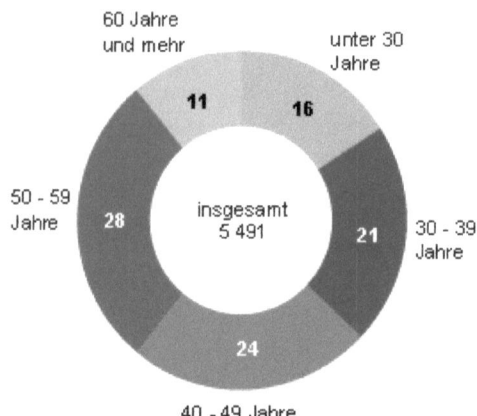

Abbildung 3: Gesundheitspersonal nach Altersgruppen 2016

Durch das generelle Nichtvorhandensein von Arbeitskräften in Deutschland, dem wachsenden Bedarf an Pflegefachkräften und des zunehmend älteren Personals in stationären Einrichtungen, dass bald das Rentenalter erreicht, wird eine wachsende Lücke zwischen Angebot und Nachfrage entstehen (Hämel und Schaeffer, 2012). Schon heute fehlt oft die Zeit für fachgerechte und zuwendungsorientierte Pflege und Betreuung (BVDW, 2017). Der steigende Personalmangel stellt die stationären Einrichtungen und das Gesundheitswesen vor wachsende Probleme, die Versorgungsqualität aufrecht zu erhalten. Nachdem nun die einzelnen Aspekte des theoretischen Hintergrunds zu dem Thema demographische Alterung in Bezug auf die stationären Einrichtungen erläutert wurden, erfolgt nun ein Zwischenresümee über die gewonnenen Erkenntnisse.

3.3 Zwischenresümee

Aus dem zweiten Kapitel geht hervor, dass die demographische Alterung ein schleichender, langwieriger Prozess ist. Sie wird durch drei Determinanten beeinflusst. Und zwar durch die Mortalität, die Fertilität und das Wanderungsverhalten. Aufgrund aktueller Lebensverhältnisse nimmt die Lebenserwartung in Deutschland stetig zu, so dass im Jahr 2060 von einer Lebenserwartung von 85 bis 87,7 Jahren bei Männern und 89,2 bis 91,2 Jahren bei Frauen auszugehen ist. Gleichzeitig sinkt die Sterblichkeit weiter. Zusätzlich ist die Geburtenzahl von 2015 zu 2016 gestiegen. Die Geburten reichen jedoch nicht aus, um die aktuelle ältere Generation zu ersetzen, zumal die Zahl der potenziellen Mütter weiter sinkt. Auch durch das Wanderungsverhalten, kann die demographische Alterung nicht gestoppt werden, denn 2016 waren es 37 % mehr Fortzüge in Deutschland als noch im Jahr 2015. Diese Entwicklungen führen dazu, dass sich die Altersstruktur in Deutschland verändert. Während aktuell die Babyboomer die Alterspyramide dominieren, kommt es zu einer abnehmenden jungen Bevölkerung. Der Anteil der unter 20-Jährigen wird im Jahr 2060 auf 16 % abgesunken sein. Bis 2060 wird sich die Alterspyramide zu einer immer älter werdenden Gesellschaft umgekehrt haben. Dadurch wird jeder Dritte ein Alter von 65 Jahren erreicht haben. Jeder achte Mensch wird 80 Jahre oder älter sein. Durch diese Veränderung der Altersstruktur nimmt auch die Erwerbstätigenquote ab. Ab 2025 haben die Babyboomer das Rentenalter erreicht und werden aus dem Berufsleben ausscheiden. Von 2013 (49,2 Millionen Erwerbstätige) bis 2060 (38 Millionen Erwerbstätige) wird die Zahl der Erwerbstätigen dann drastisch absinken, da keine geburtenstarken Jahrgänge nachfolgen.

In einer immer älterwerdenden Gesellschaft kommt es zwangsläufig auch zu einem Anstieg der Pflegebedürftigkeit. Aktuell sind 3,3 Millionen Menschen in Deutschland pflegebedürftig mit steigender Tendenz. Mit zunehmendem Lebensalter steigt auch das Risiko der Pflegebedürftigkeit, und der Bedarf an Heimplätze nimmt zu. Viele ältere Menschen fühlen sich zudem gesundheitlich eingeschränkt (21 % der 70- bis 75-Jährigen und 28 % der ab 75-Jährigen). Mit einer Wahrscheinlichkeit von durchschnittlich 56,7 % der Männer und 74,2 % der Frauen gilt die Pflegebedürftigkeit als allgemeines Lebensrisiko. Häufig sind es bestimmte Erkrankungen, die die Pflegebedürftigkeit begünstigen, da diese häufig chronisch und irreversibel sind. Dazu zählen vor allem kognitive Erkrankungen und Herz-Kreislauf-Erkrankungen. In Deutschland leben 1,6 Millionen Demenzkranke, von denen zwei Drittel älter als 80 Jahre sind. Demenz ist, neben den Herz-Kreislauf-Erkrankungen, zudem ein großer Kostenverursacher und führt zu einem 10-fach erhöhten Risiko pflegebedürftig zu werden. Herz-Kreislauf-Erkrankungen führen häufig zum Tod und treten vor allem im Alter vermehrt auf. Als Beispiel treten 85 % der Schlaganfälle bei Personen ab 60 Jahren auf. Das Risiko pflegebedürftig zu werden, ist 4,5-fach erhöht. Hypertonie und Diabetes mellitus sind die wichtigsten Risikofaktoren für Herz-Kreislauf-Erkrankungen. Treten mehrere chronische Erkrankungen im Alter auf, kommt es zur weitverbreiteten Multimorbidität. Multimorbidität begünstigt zusätzlich eine Pflegebedürftigkeit und führt häufig zu einer verringerten Lebensqualität und einer eingeschränkten Mobilität.

Der immer größer werdenden Anzahl älterer, multimorbider, pflegebedürftiger Menschen steht jedoch ein geringer Teil ausgebildeter Pflegefachkräfte, die die Versorgung übernehmen können, gegenüber. Zusätzlich wird die aktuelle Belegschaft in stationären Einrichtungen immer älter, so dass diese bald ins Rentenalter eintritt. Es kommen jedoch keine Nachwuchskräfte nach. Bis zum Jahr 2030 werden demnach ca. 45 bis 60 % der Belegschaft im Rente gehen und insgesamt bis zu 500.000 Pflegekräfte fehlen. Es wird deutlich, dass die stationären Einrichtungen vor großen Herausforderungen stehen, um auf die wachsende Anzahl älterer, häufig kranker Menschen und die gleichzeitig sinkende Erwerbstätigenquote bzw. den steigenden Fachkräftemangel und den zu geringen Anteil nachkommender, junger Menschen zu reagieren. Nachdem nun ein Zwischenresümee zu der demographischen Alterung gezogen wurde, die die Grundlage für die Herausforderungen in stationären Einrichtungen stellt, erfolgt nun die Darstellung der daraus entstehenden Probleme.

4 Zunahme und Veränderung des Pflegebedarfs

Wie bereits im vorangegangenen Kapitel deutlich wurde, hat sich der Pflegebedarf verändert. Zukünftig werden immer mehr ältere, multimorbide und demente Menschen in Krankenhäusern und Pflegeheimen versorgt werden müssen (BGW, 2014). Daher werden nun die Herausforderungen für Krankenhäuser und Pflegeheime vor dem Hintergrund der Veränderung der Familienstrukturen erläutert.

Krankenhäuser

Die behandelten Fälle im Krankenhaus steigen stetig an. 1990 wurden ca. 14,5 Millionen Menschen in deutschen Krankenhäusern behandelt. 2010 waren es bereits ca. 18 Millionen und 2016 19,5 Millionen Menschen. Gleichzeitig sank die Verweildauer von 14 Tagen im Jahr 1991 auf 7,3 Tage 2016 (Statistisches Bundesamt, o.D.). Das heißt 2016 wurden in der Hälfte der Zeit ca. ein Drittel mehr Patienten versorgt. Die Senkung der Verweildauer darf dabei nicht als arbeitsentlastend verstanden werden. Unterschieden werden dabei der „fallfixe Pflegeaufwand" der unabhängig von der Verweildauer ist (z.b. Aufnahme- und Entlassungsaufwand) und der „fallvariablen Pflegeaufwand" der von der Verweildauer abhängt (Medikamentengabe, Körperpflege). Sinkt die Verweildauer ab, steht entsprechend weniger Zeit für die fallfixe Versorgung der Patienten zur Verfügung (Bräutigam et al., 2010). Zusätzlich steigt das Alter der zu behandelnden Patienten an. 2003 waren 38,5 % der Krankenhauspatienten 65 Jahre oder älter (Statistisches Bundesamt, 2015b), im Jahr 2014 waren es bereits 43 %. Fast jeder zweite Krankenhauspatient war über 65 Jahre alt. Das bedeutet nicht zwangsläufig, dass die Menschen öfter krank werden, sondern dass sie aufgrund der steigenden Lebenserwartung häufiger ins Krankenhaus müssen (Statistisches Bundesamt, 2016a).

Der Trend, der immer älteren Patienten wird sich weiter fortsetzen, so dass ein Schwerpunkt auf die Versorgung älterer Menschen und die Besonderheiten bei der Behandlung gelegt werden muss (DIP, 2014). Das bedeutet, dass Patienten, die in Krankenhäusern behandelt werden, zukünftig eine intensivere pflegerische Betreuung benötigen. Die Zahl der Patienten mit Akuterkrankungen wird im Verhältnis zu den chronischen Erkrankungen eher abnehmen (Tenbensel, 2012). 2014 waren die häufigste Behandlungsursache und damit der Grund für einen Krankenhausaufenthalt Herz-Kreislauf-Erkrankungen wie die Herzinsuffizienz. Eine Millionen Frauen und 990.000 Männer ab 65 Jahre mussten deshalb in stationäre Behandlung (Statistisches Bundesamt, 2016a).

Auch Patienten mit Demenz sind im Krankenhaus keine Seltenheit mehr, sondern längst zum Regelfall geworden. Laut des Instituts für angewandte Pflegeforschung lag 2014 bei 95,9 % der Stationen in Krankenhäusern mindestens ein Fall mit Demenz vor. Der durchschnittliche Anteil der Patienten mit Demenz auf den Stationen lag bei 23 %. Demenz ist somit keine Randerscheinung mehr, sondern längst Alltag in deutschen Krankenhäusern (DIP, 2014). Die Krankenhäuser sind jedoch nicht auf die Versorgung von Demenzerkrankte eingestellt. Dem Krankenhauspersonal fehlt es häufig an Wissen im Umgang mit Demenzerkrankten (Berlin-Institut für Bevölkerung und Entwicklung, 2011). Zudem fühlen sie sich mit den bei Demenz auftretenden Verhaltensweisen überfordert (DIP, 2014). Für eine intensive Betreuung bleibt oft keine Zeit. Häufig können Demenzerkrankte das angebotene Essen nicht selbständig zu sich nehmen und werden unzureichend beschäftigt. Nicht selten werden sie in einem schlechteren

Zustand aus dem Krankenhaus entlassen, als sie eingeliefert wurden (Berlin-Institut für Bevölkerung und Entwicklung, 2011). Krankenhäuser sind darauf ausgerichtet, Patienten mit somatischen Erkrankungen zu behandeln. Die Versorgungsabläufe sind standardisiert und bieten wenig Möglichkeiten für individuelle, auf die Bedürfnisse abgeschnittene, Versorgungsstrategien. Vor allem für Menschen mit Demenz sind diese Rahmenbedingungen nicht geeignet, denn sie benötigen Vertrautheit und Orientierung sowie Menschen, die in der Lage sind, flexibel und mit kommunikativer Kompetenz auf sie einzugehen. Die Versorgung von Menschen mit Demenz stellt daher für die Betroffenen und ihre Angehörigen sowie die Pflegenden eine große Herausforderung dar (Pinkert und Holle, 2012).

Pflegeheime

Die Nachfrage nach Leistungen der vollstationären Pflege nimmt zu. Die steigende Anzahl Pflegebedürftiger in Deutschland könnte deshalb zu einer Art „Heimsog" führen (Pompe, 2012). 2005 wurden 676.582 Pflegebedürftige in Pflegeheimen versorgt. 2015 waren es bereits 857.302 Pflegebedürftige (Tabelle 1).

Pflegebedürftige in Pflegeheimen von 1991 bis 2015 (Anzahl)						
1999	2001	2005	2009	2011	2013	2015
573.211	604.365	676.582	748.889	786.920	821.647	857.302
Datenquelle: Pflegestatistik - Ambulante und stationäre Pflegeeinrichtungen: Grunddaten, Personalbestand, Pflegebedürftige, Empfänger und Empfängerinnen von Pflegegeldleistungen, Statistisches Bundesamt, Zweigstelle Bonn/ www.gbe-bund.de						

Tabelle 1: Pflegebedürftige in Pflegeheimen

Die Zahl der in den Pflegeheimen stationär versorgten Personen stieg von 2005 bis 2015 um 26,7 % an (+198.720 Pflegebedürftige). Im Vergleich zum Jahr 2001 ist die Anzahl um 41,9 % (+252.937 Pflegebedürftige) gestiegen. Die Zahl der Pflegeheime stieg leicht an, um 4,3% bzw. 600 Einrichtungen. Die zugelassenen Pflegeplätze stiegen um 2,9 % (26.000 Plätze). Ebenfalls stieg die Zahl der Personen mit einer Pflegestufe. In Pflegestufe I konnten 2015 +11,7 % (172.000 Personen) verzeichnet werden, in Pflegestufe II +6,4 % und in Pflegestufe III +4,3 % (Statistisches Bundesamt, 2017b). Seit 2017 wurden die Pflegegrade 1-5 eingeführt. 24,7 % (191.811 Personen) der stationär versorgten Personen bezogen 2017 dabei Leistungen des Pflegegrades 2, 29,8 % (231.233 Personen) Leistungen des Pflegegrades 3 und 28,6 % (222.075) des Pflegegrades 4. Die Pflegestufen 1-3 sind dabei mit den Pflegegraden 2-4 gleichzusetzen (Bundesministerium für Gesundheit, 2017).

Einer Befragung des DIP zufolge bestanden 2017 bei 71 % der stationären Einrichtungen Wartelisten für vollstationäre Plätze. 83 % der Einrichtungen mussten in den letzten drei Monaten Anfragen zur Aufnahmen in die Langzeitpflege ablehnen. Zusätzlich gaben 42 % an, im Jahr 2017 nur wenige Kurzzeitpflegeplätze zur Verfügung stellen zu können. 84 % der Anfragen mussten abgelehnt werden. Die Kurzzeitpflegeplätze sind vor allem für den Aufenthalt nach dem Krankenhaus von großer Bedeutung. Lediglich 38 % sahen keine Probleme in ihrer Region einen vollstationären Platz und 15 % einen Kurzzeitpflegeplatz anzubieten (DIP, 2018). Der Bedarf an Pflegeheimen wird von 2013 bis 2030 um 58 % steigen, das ist ein jährlicher Zuwachs von 2,7 %. Bis 2030 fehlen demnach ca. 154.000 vollstationäre Pflegeplätze. Die angebotenen Pflegeplätze werden auf Dauer nicht ausreichen, um den stationären Pflegebedarf zu decken (Gesellschaft für Wirtschaftliche Strukturforschung mbH, 2016).

Veränderung der Familienstrukturen

Vor allem die gesellschaftlichen Entwicklungen werden zu Veränderungen für die Krankenhäuser und Pflegeheime führen. Hauptsächlich wird es zu einer wachsenden Nachfrage nach Pflegeheimplätzen kommen. Die Zahl der Einpersonenhaushalte steigt, und die familiäre pflegerische Versorgung, die heute noch einen großen Anteil an der Pflege hat, wird abnehmen, da sich die traditionellen Familienstrukturen auflösen (Pompe, 2012). Von 1991 bis 2014 stieg die Zahl der Einpersonenhaushalte von 11,9 Millionen auf 16,4 Millionen Menschen. Das ist ein Anstieg um 37,8 %. Innerhalb Europas liegt Deutschland mit 40% auf Platz 3 der meisten Einpersonenhaushalte (Bundesinstitut für Bevölkerungsforschung, 2016). 2014 lebten bei den 60- bis 64-Jährigen 24 % der Frauen und 19 % der Männer allein. Bei den ab 85-Jährigen waren es bereits 74 % der Frauen und 34% der Männer. Dieser Anteil steigt mit zunehmendem Alter durch den Tod des Partners, Scheidung oder Trennung (Statistisches Bundesamt, 2016a).

Auch der Trend der Zukunft geht in Richtung Einpersonenhaushalte, Kontaktarmut und veränderten Bedürfnissen der Alleinstehenden. Gleichzeitig nimmt die Anzahl größerer Haushalte ab. Es entsteht ein zunehmender Unterbringungsbedarf, da zukünftig keine pflegenden Angehörigen mehr zur Verfügung stehen (Pompe, 2012). Zusätzlich verstärkt sich das Risiko für Armut und Einsamkeit (Robert Koch-Institut, 2015b). Aktuell sind die Geburtenzahlen noch zu gering und die Zahl der kinderlosen Menschen steigt. Die Pflege wird also immer seltener von den eigenen Kindern oder deren Partnern durchgeführt. Zusätzlich nimmt die Zahl berufstätiger Frauen zu, so dass diese nicht mehr im selben Umfang für die Pflege zur Verfügung stehen wie nichtberufstätige Frauen (Leicht und König, 2012). 2010 sorgten 60 % der 40- bis 65-Jährigen Frauen für mindestens einen Angehörigen. Frauen leisteten bisher einen großen Anteil an der informellen Pflege. Mit der zunehmenden Berufstätigkeit und der Versorgung der eigenen Familie bleibt jedoch immer weniger Zeit für die Pflege von Angehörigen. Im Beruf wird immer häufiger Flexibilität erwartet, so dass auch der Anteil der Elternpaare, die in der näheren Umgebung ihrer Kinder wohnen, sinkt (Bundesministerium für Familie, Senioren, Frauen, 2012). Immer weniger Personen fühlen sich zudem verpflichtet, ihre Angehörigen zu pflegen so wie es früher der Fall war (Bertelsmann Stiftung, 2012). Somit verschiebt sich die Versorgung der Pflegebedürftigen von der durch die Familie durchgeführten informellen Pflege hin zur ambulanten oder stationären Pflege (Leicht und König, 2012).

Es wird also deutlich, dass sich der Pflegebedarf verändern wird. Immer mehr Menschen leben allein und haben keine Angehörige mehr, die sie im Alter versorgen können. Sie sind daher im Alter auf Hilfe von außen angewiesen. In den nächsten Jahren werden Pflegeheimplätze daher wichtiger denn je sein. Gleichzeitig kämpfen die Krankenhäuser mit steigenden Behandlungsfällen, einer sinkenden Verweildauer und der Zunahme älterer, betreuungsintensiverer Patienten. Im nun nachfolgenden Kapitel wird es daher nun um ein zentrales Problem bei der Bewältigung des steigenden Pflegebedarfs gehen: Die Personalgewinnung und -bindung.

4.1 Personalgewinnung und -bindung

Als hauptsächliches Problem des Pflegesektors gilt die Personalgewinnung und -bindung. Die Pflege wird als Beruf mit hohen Anforderungen in körperlicher und geistiger Hinsicht gesehen. Es werden spezielle Fertigkeiten verlangt, die in einer langjährigen Ausbildung vermittelt werden, ein Fachwissen in unterschiedlichen Bereichen wie Medizin oder Psychologie, sowie körperliche Fähigkeiten wie Geschicklichkeit und Ausdauer. Zusätzlich benötigen Pflegekräfte ein hohes Maß an Kommunikation- und Sozialkompetenz. Die Pflege ist somit keine einfache und anspruchslose Tätigkeit, wie häufig unterstellt wird, sondern birgt komplexe und anforderungsreiche Aufgaben (Glaser und Höge, 2005). Die Anforderungen an Pflegekräfte sind hoch, gleichzeitig fehlt es dem Beruf jedoch an Attraktivität. Schichtdienste, Wochenendarbeit, niedrige Gehälter und ein körperlich anstrengender Beruf sind die Faktoren, die mit einem Beruf in der Pflege verbunden werden (Himsel, Müller, Stops, Walwei, 2013). Schlechte Arbeitsbedingungen führen dazu, dass das Interesse im Pflegebereich zu arbeiten bzw. zu verweilen bei jungen Menschen sinkt. Zusätzlich kommt es in dessen Folge zu schlechten Arbeitsergebnissen und einer verminderten Versorgungsqualität (Aiken et al., 2011). Gleichzeitig weist der Pflegeberuf ein Imageproblem auf. Hiervon ist vor allem die Altenpflege betroffen. Bisherige Imagekampagnen, sowie die mittlerweile seit mehreren Jahren getroffenen Regelung der 3-jährigen Ausbildung in der Pflege haben es nicht geschafft, das Image zu verbessern. Realitätsferne Bilder über die Pflege halten sich hartnäckig in den Köpfen der Menschen. Häufige Aussagen wie „das könnte ich nicht" zeigen einerseits zwar Respekt vor der Tätigkeit und der Verantwortung im Pflegebereich, reduzieren diese jedoch auf den Umgang mit Fäkalien. Der Beruf wird aus Sicht vieler Pflegekräfte dadurch herablassend betrachtet (Benedix und Medjedovic, 2014). Entsprechend schwer gestaltet sich die Akquise neuer Mitarbeiter und die Bindung des vorhandenen Personals.

Laut einer Studie des Instituts für angewandte Pflegeforschung im Jahr 2017 vermuten 56 % der 1067 befragten Leitungskräfte in der teil- und vollstationären Pflege, dass das Ausbildungsinteresse für einen Pflegeberuf im Allgemeinen bei jungen Menschen weiter absinken wird. Für einen Beruf im Altenpflegebereich vermuteten dies 71 %. Zusätzlich wird bei 66 % der Befragten davon ausgegangen, dass das Interesse bei aktuellen Auszubildenden, anschließend in dem Altenpflegeberuf zu arbeiten weiter sinkt (DIP, 2018). Die Pflege befindet sich heute in einem zunehmendem Konkurrenzkampf um Nachwuchskräfte mit anderen Branchen (Bräutigam et al., 2010). Auch bei den Berufswiedereinsteigern können, durch die mangelnde Attraktivität, Verluste verzeichnet werden. Aufgrund von belastungsbedingter Erkrankungen scheiden viele Pflegekräfte vorübergehend aus dem Beruf aus. Bei Wiedereinstieg wählen sie häufig eine Tätigkeit mit geringerer körperlicher Belastung und flexibleren Arbeitszeiten. Ebenso werden Mitarbeiter mit kleinen Kindern häufig von den langen, starren Arbeitszeiten in Kombination mit der hohen Belastung abgeschreckt (BGW, 2014).

Während die problematischen Arbeitszeiten und die hohen Belastungen in Pflegeberufen früher hingenommen wurden, wächst heute eine Gesellschaft heran, dessen Bereitschaft, die Unvereinbarkeit von Familie und Beruf als schicksalhaft und unveränderbar hinzunehmen, stark sinkt (Dilcher, Hammerschlag, Althoff, 2012). Da die Akquirierung neuer und junger Mitarbeiter ein wachsendes Problem darstellt, können ältere Mitarbeiter nicht adäquat ersetzt werden. Laut Pflegethermometer 2009 ging nur jede zweite Pflegekraft davon aus, noch bis zum Rentenalter in der Pflege zu arbeiten. Jede vierte Pflegekraft strebte eine Reduzierung der Arbeitszeit aufgrund von Überforderung an (Isfort und Weidner, 2010). Die durchschnittliche Berufsverweildauer liegt bei Krankenpflegekräften daher häufig nur bei 13,7 Jahren. Die Hälfte der Pflegekräfte verlässt den Beruf ca. 3 ½ Jahre nach der Ausbildung wieder (Benedix und Medjedovic, 2014).

Ein grundsätzlicher Auslöser für den steigenden Nachwuchsmangel und ein Problem für die Personalgewinnung ist die geringe Geburtenrate. Jede heutige Kindergeneration ist daher um zwei Drittel kleiner als ihre Elterngeneration (siehe Kapitel 2). Zusätzlich geht der Trend in Richtung spätere Familiengründung. Das heißt, die Zahl der Frauen, die ihre Kinder vor dem 30. Geburtstag bekommen, nimmt deutlich ab. Die Lebensphase in der Frauen eine Familien gründen und weitere Kinder bekommen, verengt sich daher zunehmend (Statistisches Bundesamt, 2015a). Weit verbreitet ist in Deutschland, im Gegensatz zu einigen anderen europäischen Ländern, zudem die Kinderlosigkeit. Sie ist heute ein entscheidender Faktor für das niedrige Geburtenniveau. Dazu beigetragen haben u.a. die steigende Anzahl hochgebildeter und alleinstehender Frauen. Denn diese sind überproportional häufig kinderlos. In Westdeutschland sind 31,5 % der Akademikerinnen kinderlos, in Ostdeutschland 13,8 % (Bundesinstitut für Bevölkerungsforschung, 2016).

Somit nimmt auch die Bindung vorhandener Mitarbeiter einen wichtigen Stellenwert ein. Wenn nicht genug neues Personal ausgebildet werden kann, muss das vorhandene Personal gestärkt werden. Eine Herausforderung wäre es demnach, Strategien zu entwickeln, die Gesundheit älterer Mitarbeiter zu sichern, ihre Kompetenzen zu nutzen und sie möglichst lange an das Unternehmen zu binden. Der

Blick muss langfristig auf die Bestandsmitarbeiter gerichtet werden, um diese möglichst lange im Beruf zu halten (Freiling, 2009). Denn ältere Mitarbeiter weisen oftmals wertvolle Fähigkeiten, wie die enge Bindung zu dem Unternehmen, einen hohen Ausbildungsstand und einen großen Erfahrungsschatz, auf (BGW, 2014). Die Probleme, die sich aus einer mangelnden Personalgewinnung und -bindung ergeben, sind meistens weitreichend für die stationären Einrichtungen. Die Kosten für die Personalakquise steigen, während sich die personellen Engpässe verstärken und die Unzufriedenheit des verbleibenden Pflegepersonals zunimmt. Dies wiederum erhöht die Bereitschaft, den Arbeitsplatz zu wechseln und löst eine hohe Fluktuation aus, da die Pflegekräfte mit der Kompensation der Unterbesetzung auf den Stationen häufig überfordert sind. Es entsteht ein Kreislauf aus mangelndem Personal und unzufriedenen Angestellten (Buxel, 2011). Ein wichtiger Aspekt ist es daher zunächst die Gründe für die steigende Unzufriedenheit und die erhöhten psychischen und physischen Belastungen der Pflegekräfte zu definieren. Im nun folgenden Kapitel werden diese genauer betrachtet.

4.1.1 Wachsende Unzufriedenheit im Beruf

Wie zuvor beschrieben ist es für stationäre Einrichtungen ein aktuelles Problem, dass bestehende Personal zu binden. Das hat nicht selten etwas mit der Unzufriedenheit des Personals zu tun. Die Stellenstreichungen zwischen 1996 und 2008 führten dazu, dass weniger Ausbildungsplätze zur Verfügung standen und das Personal heute überaltert (Isfort und Weidner, 2010). Hinzu kommt die sinkende Verweildauer im Krankenhaus und das zunehmende Patientenaufkommen. Es wurde davon ausgegangen, dass das übriggebliebene Pflegepersonal auch weiterhin eine zuverlässige Pflege gewährleistet. Die Folge ist eine Arbeitssituation, in der das Personal an seine Grenzen geht und darüber hinaus (Zander, Dobler, Busse, 2011). Das führt auch zu wachsenden Unzufriedenheiten mit dem Beruf. Zwischen 1998 und 2010 sank die Zahl der Personen, die mit dem Arbeitsklima im Krankenhaus zufrieden waren von 83 % auf 63 % ab. Mit der Pflegepersonalausstattung waren im Jahr 2010 nur noch 18 % zufrieden, im Jahr 1998 waren es noch 37 %. Zusätzlich wirken sich die steigenden Anforderungen im Bereich der Hygiene, der Patientensicherheit und die Bürokratie belastend aus (Augurzky, Bünnings, Dördelmann, 2016).

Die häufigsten Gründe dafür, den Beruf zu wechseln sind die hohe Arbeitsbelastung, die Entpersonalisierung und eine große emotionale Erschöpfung (van Bogaert et al., 2014). Eine im Jahr 2011 durchgeführte Studie der Fachhochschule

Münster befragte 3885 Pflegekräfte und Auszubildende in Krankenhäusern zu ihrer Zufriedenheit mit ihrem Arbeitsplatz. 62,3 % der Befragten gaben an, dass ihre Arbeit nicht wertgeschätzt wird und 49,5 % hielten die Anerkennung von Vorgesetzten für zu gering. Weitere 53,4 % hielten das Gehalt für nicht angemessen (Buxel, 2011). Das Gehalt lag 2013 durchschnittlich bei ca. 2412 Euro, so dass dieses im Alter lediglich für ein Alterseinkommen in Höhe einer Grundsicherung reicht (Bispinck, Dribbusch, Öz, Stoll, 2013). 36,1 % waren mit der Kinderbetreuung unzufrieden. Lediglich zwei Drittel der Befragten würden den Pflegeberuf weiterempfehlen. Bei der Frage wie sie die Entwicklungen für die nächsten zehn Jahre in bestimmten Bereichen sehen, gab es viele Punkte in denen sich, laut der Pflegekräfte, die Probleme ausweiten werden. 74 % der Befragten beurteilten die Verdienstmöglichkeiten auch in Zukunft negativ. Ebenfalls wird der Anteil an Verwaltungsarbeiten laut 78 % der befragten Pflegekräfte negativ bewertet. Zusätzlich sahen 82 % die Versorgung der Patienten in Gefahr und 73 % vermuteten, dass der persönliche Kontakt zu den Patienten weiter abnimmt. Am negativsten wurden mit 92 % die psychischen und mit 91 % die körperlichen Belastungen (Kapitel 4.1.2.) bewertet. 72 % betrachten die Jobattraktivität insgesamt als negativ (Buxel, 2011).

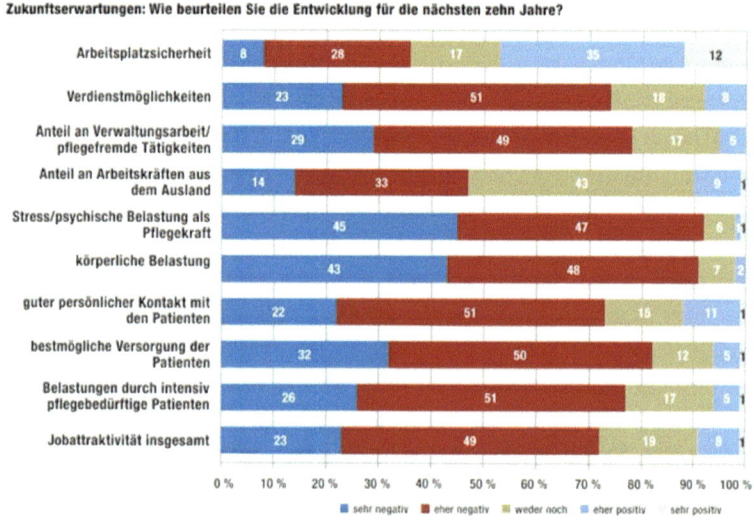

Abbildung 4: Zukunftserwartungen für die Pflege (n=3885)
Quelle: Buxel, Deutsches Ärzteblatt 2011; 108(17): A 946–8, Fachhochschule Münster

Weitere Gründe für die Unzufriedenheit mit dem Beruf sind die mangelnden Aufstiegsmöglichkeiten und Karrierechancen vor allem in der stationären Altenpflege (Kutschke, 2014). Zusätzlich sind es die Hindernisse in der Pflege, die das Pflegepersonal belasten. Probleme wie zu kleine Zimmer für zu viele Patienten, Arbeitsunterbrechungen durch Personen oder Telefonanrufe, sowie Überforderungen durch den zunehmenden Zeitdruck sind Alltag geworden. Bei jüngeren Mitarbeitern ist ein großes Problem die Unvereinbarkeit von Familie und Beruf. Überstunden und das Einspringen an freien Wochenenden sind häufig die Regel. Der Beruf wird daher als wenig sozial verträglich bezeichnet, denn regelmäßige Aktivitäten in der Freizeit sind, aufgrund der Arbeitszeiten, kaum möglich (Glaser und Höge, 2005). Lediglich zwei von drei Pflegekräften konnten ihre Überstunden zeitnah in Freizeit umwandeln (Isfort und Weidner, 2010).

Laut Pickert Report 2015 denkt ein Viertel der Pflegekräfte „manchmal" über einen Arbeitgeberwechsel nach und jede sechste „häufig" (Stahl und Nadj-Kittler, 2015). Gleichzeitig kommt es aufgrund der chronischen Überlastung zu Frühverrentungen und zu einer Situation, in der mehrere Zehntausend Pflegekräfte sich anders orientieren und ihren Beruf aufgeben (Simon, 2015). Insgesamt führen somit viele Gründe zu der Unzufriedenheit im Pflegeberuf. Im internationalen Vergleich wird deutlich, dass eine ausreichende Anzahl an Pflegepersonal nicht automatisch zur Zufriedenheit führt, denn auch in Ländern mit mehr Pflegepersonal tritt Unzufriedenheit auf (Augurzky et al., 2016). Es sind viele Faktoren, die die Unzufriedenheit beeinflussen. Einer der größten Faktoren sind jedoch die physischen und psychischen Belastungen der Pflegekräfte, auf die im nun folgenden Kapitel eingegangen wird.

4.1.2 Physische und psychische Belastungen des Pflegepersonals

Die zunehmende Arbeitsverdichtung führt dazu, dass die physischen, psychischen und zeitliche Arbeitsbelastungen in Pflegeberufen weiter steigen (Stahl und Nadj-Kittler, 2015). Eine hohe Bürokratie, Zeitdruck, die Anleitung von Hilfskräften und die Übernahme ärztlicher Tätigkeiten belasten das Pflegepersonal mehr als je zuvor (Kutschke, 2014). Zusätzlich werden Pflegekräfte durch gesundheitsrelevante Gefahren belastet, wie z.B. toxische oder allergene Stoffe (Zytostatika, Latex), Infektionsgefahren, Belastungen durch das Heben und Tragen von Patienten oder Geräten, Stich- und Schnittverletzungen. Hinzu kommen schlechte Arbeitsbedingungen wie Lärm, schlechte Belüftung und Beleuchtung. Ebenfalls als belastend werden unregelmäßige Arbeitszeiten, Rollenunklarheit, ein hohes Arbeitstempo, schwierige Patienten und Belastungen durch leidende und sterben Patienten empfunden. Treffen diese Belastungen mit unzureichenden Arbeitsbedingungen zusammen, hat das gravierende Auswirkungen auf die physische und psychische Gesundheit des Personals. Das kann zur Folge haben, dass es zu Demotivation, psychosomatischen Beschwerden, Stress und Burnout kommt. Des Weiteren fördert es die Arbeitsunfähigkeitsquoten, eine erhöhte Fluktuation und einen frühzeitigen Ausstieg aus dem Beruf (Glaser und Höge, 2005).

Das Deutsche Institut für angewandte Pflegeforschung fand 2009 zudem heraus, dass 40 % der befragten Pflegekräfte in deutschen Krankenhäusern in den letzten sechs Monaten zwischen 46 und 70 Überstunden leisteten. 29,3 % der Pflegekräfte gaben an, in den letzten vier Wochen einen zusätzlichen Wochenendtag zu dem regulären Wochenenddienst gearbeitet zu haben. Bei 22,5 % war es ein ganzes zusätzliches Wochenende. Das heißt bei jeder zweiten Person kann davon ausgegangen werden, dass die notwenigen Erholungsphasen nur unzureichend gegeben waren. Zusätzlich waren Pausen außerhalb des Arbeitsbereichs bei zwei von drei Pflegenden nicht möglich. Eine tatsächliche Pause ist nicht immer gewährleistet, denn im Stationsbetrieb ist es schwer, die gesetzlich geregelte Arbeitspause auch wirklich einzuhalten. Oft kommt es zu Störungen durch Patienten oder spontan anfallende Arbeiten (Isfort und Weidner, 2010).

Die steigenden Belastungen des Pflegepersonals zeigen sich in einer erhöhten Krankheitsdauer, einer erhöhten Anzahl der Krankheitstage, sowie der Krankheitsschwere (DIP, 2018). Dem Deutschen Institut für angewandte Pflegeforschung zufolge können 2009 2092 Pflegekräfte der 9719 Befragten als hoch belastet eingestuft werden. Das sind 21,5 % der befragten Pflegekräfte. Laut DAK- Gesundheitsreport lag der Krankenstandswert im Gesundheitswesen 2016 bei 4,5 % und damit an zweiter Stelle hinter dem Bereich Verkehr, Lagerei und Kurierdienste. Der Grund für den hohen Wert liegt in einer hohen Erkrankungshäufigkeit und -dauer. Je 100 Versicherter wurden 2016 115,8 Erkrankungsfälle gezählt, die im Durschnitt 14,2 Tage dauerten (DAK-Gesundheit, 2017). Zu den häufigsten Erkrankungen gehören Muskel-Skelett-Erkrankungen und Atemwegserkrankungen, diese sind für ca. 43 % der Arbeitsunfähigkeitstage verantwortlich. Vor allem das langjährige Stehen und ungünstige Körperhaltungen wirken sich negativ auf die Gesundheit aus (Jandová, 2011).

Bei Mitarbeitern die 50 Jahre oder älter sind, ist die Zahl der physischen und psychischen Erkrankungen, die zur Erwerbsminderung, Frührente oder vorrübergehender Arbeitsunfähigkeit führen, doppelt so hoch wie bei allen anderen

Beschäftigten (Isfort und Weidner, 2010). Denn im Alter nimmt die Muskelkraft ab, so dass das Heben und Tragen im Alltag immer anstrengender wird. Zusätzlich nimmt die Flexibilität in Bezug auf dem Schlaf-Wach-Rhythmus ab, was im Schichtdienst zu hohen Belastungen führt (Jandová, 2011). Durch die hohe Arbeitsverdichtung und die Belastungen des Pflegepersonals kommt es daher zu Auswirkungen auf die Patientenversorgung und -sicherheit. In den hoch belasteten Bereichen ist es kaum möglich, eine fachgerechte Ausführung von Pflegeleistungen zu gewährleisten (Isfort und Weidner, 2010). Daher werden im letzten Teil des vierten Kapitels die Folgen für die Versorgungsqualität in stationären Einrichtungen genauer betrachtet.

4.2 Verminderung der Versorgungsqualität

Eine mögliche Konsequenz des veränderten bzw. zunehmenden Pflegebedarfs ist die abnehmende Versorgungsqualität in stationären Einrichtungen. Die Unterbesetzungen und Überlastungen der Pflegekräfte gefährden somit nicht nur ihre eigene Gesundheit, sondern auch die Patientengesundheit. Eine zu geringe Personalbesetzung führt neben typischen Pflegefehlern, wie die Entstehung von Druckgeschwüren, auch zu dem Risiko das Komplikationen zu spät erkannt werden, und Patienten dadurch dauerhaft gesundheitliche Schäden davontragen oder sterben (Simon, 2015). Eine 2009 durchgeführte Studie des Deutschen Instituts für Pflegeforschung, an der 9719 Personen aus deutschen Krankenhäusern teilnahmen, fand heraus, dass jede zweite Pflegekraft (56,5 %) die Anzahl examinierter Pflegekräfte pro Schicht zu gering einschätzt, um die Absicherung der Patientenversorgung zu gewährleisten. Nur jede zehnte Pflegekraft sah auf ihrer Station keine Probleme in diesem Bereich. Die Möglichkeit Prophylaxen, z.B. zur Sturzminimierung durchzuführen, sahen nur 58,7 % als gegeben an. Zusätzlich beurteilten nur 62,9 % der Pflegekräfte die Kontakthäufigkeit zwischen Patient und Pflegepersonal als ausreichend, um eine individuelle Patientenversorgung und -betreuung zu gewährleisten. Nur drei von fünf Pflegekräften gaben an, die Sicherheit des Patienten voll oder tendenziell gewährleisten zu können, da sie diese während einer Schicht häufig genug sehen. 34,7 % stimmten dem nicht zu (Isfort und Weidner, 2010).

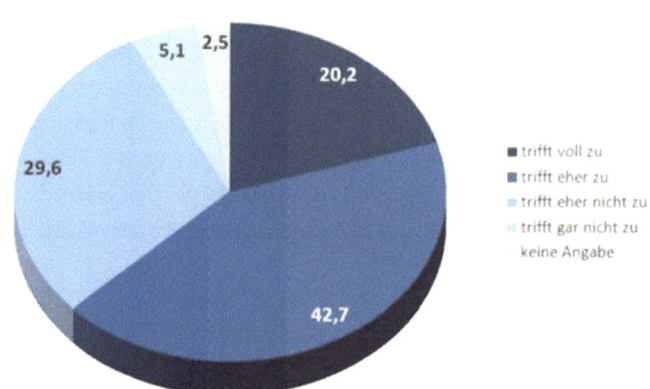

Abbildung 5: Patientensicherheit durch Pflegepersonalkontakt pro Schicht (in %)
Quelle: Deutsches Institut für angewandte Pflegeforschung, Pflegethermometer 2009

Dadurch steigt das Risiko, dass Medikamentenreaktionen oder Folgen invasiver Eingriffe nicht rechtzeitig erkannt werden. Zusätzlich gab jede vierte Pflegekraft an, dass Patienten länger als 15 Minuten auf ein notwendiges Schmerzmittel warten mussten. Gravierend ist zudem, dass 60,7 % der Pflegekräfte angaben, demente oder multimorbide Patienten nicht genug beobachten zu können. In dessen Folge gaben 37,2 % der Pflegekräfte an, zu freiheitsentziehenden Maßnahmen (Bettgitter oder Fixierung) gegriffen zu haben, was einen Eingriff in die Grundrechte der Patienten bedeutet (Isfort und Weidner, 2010).

Neben den Auswirkungen für die Patienten wirkt sich eine verminderte Versorgungsqualität auch auf das Gefühl der Sicherheit und Kontrolle der Pflegekräfte aus. Das Gefühl die Situationen und Risiken im Alltag nicht mehr vollständig beherrschen zu können, wirkt sich dann auch gravierend auf die Arbeitsqualität aus, und kann ein Überforderungsgefühl bei dem Pflegepersonal auslösen (Isfort und Weidner, 2010). Im Vergleich zweier internationaler Studien von 1998/99 und 2009/10, in denen das Empfinden der Pflegekräfte erfragt wurde, sank die Pflegequalität von 80 % auf 65 %. Sinkende Zahlen zeigten sich ebenfalls bei der Qualitätsverbesserung im letzten Jahr, hier sank der Wert von 37 % im Jahr 1998/99 auf 22 % 2009/10. Gleichzeitig schien es immer seltener möglich, den Patienten nach der Entlassung entsprechende Pflege zu organisieren. Daher gingen immer mehr Patienten nach dem Krankenhausaufenthalt direkt in ein Pflegeheim oder die

Kurzzeitpflege. Die stärksten Auswirkungen zeigten sich bei der psychosozialen Aufmerksamkeit, hier sahen im Jahr 2009/10 82 % einen Mangel 1998/99 waren es nur 54 % (Zander, Dobler, Busse, 2013).

Die in den vorangegangenen Kapiteln geschilderten Herausforderungen, des veränderten Pflegebedarfs und eines zunehmenden Problems der Personalgewinnung und -bindung sowie die daraus resultierenden steigenden psychischen und physischen Belastungen und die Unzufriedenheit des Pflegepersonals, begünstigen auch eine verminderte Versorgungsqualität in den stationären Einrichtungen. Das heißt, auch die Patientenversorgung wird durch die aktuellen Herausforderungen, die stationäre Einrichtungen zu bewältigen haben, in Mitleidenschaft gezogen. Die nun folgenden Maßnahmen sind daher sowohl für die Entlastung des Personals als auch die Patienten der stationären Einrichtungen von enormer Bedeutung.

5 Maßnahmen zur Optimierung der pflegerischen Versorgung

Um dem Fachkräftemangel entgegen zu wirken und die pflegerische Versorgung zu optimieren, ist es nicht nur wichtig genügend Personal auszubilden, sondern dieses auch zu qualifizieren sowie für bessere Arbeitsbedingungen in der Pflege zu sorgen. Dazu müssen in Deutschland zukunftsweisende Lösungen für diese Herausforderungen gefunden werden (Hämel und Schaeffer, 2013). Einige grundsätzliche Maßnahmen werden nun aufgeführt.

Steigerung der Attraktivität

Bei der Steigerung der Attraktivität geht es vor allem um die Arbeitsbedingungen in der Pflege. Die Arbeitszeiten müssen eine Flexibilität und Planungssicherheit für Arbeitnehmer bieten. Dazu zählen die individuelle Vereinbarung der Länge der Arbeitszeiten sowie eine flexible Arbeitszeitgestaltung z.B. durch einen späteren Dienstbeginn oder zeitversetzte Dienste. Die Arbeitszeitflexibilisierung spielt vor allem für die Vereinbarkeit von Familie und Beruf eine große Rolle (IZA, 2011). Dazu braucht es vor allem familienfreundliche Arbeitsplätze mit betriebseigener Kinderbetreuung, die den Schichtarbeitszeiten angepasst ist. Dies würde Krankenhäusern und Pflegeheimen einen wesentlichen Standort-, Image- und Wettbewerbsfaktor verschaffen (Blum und Löffert, 2010). Zuverlässige Dienstpläne sollen zudem für mehr Freizeit sorgen. Die Sicherheit der Freizeit nimmt bei Mitarbeitern einen großen Stellenwert ein, das heißt eine wichtige Maßnahme wäre ein funktionierender Ausfallplan mit einem Springerpool, so dass die Freizeit, als individueller Teil der Lebensgestaltung, nicht durch einen unzuverlässigen Dienstplan eingeschränkt wird (Benedix und Medjedovic, 2014). Um die Pflege zusätzlich für junge Menschen attraktiv zu machen, ist das Angebot von Aufstiegs- und Weiterbildungsmaßnahmen von großer Bedeutung (Jandová, 2011). Auf das Thema „attraktiver Arbeitgeber bzw. Arbeitgebermarke" wird noch ausführlicher in dem Kapitel „Employer Branding" eingegangen.

Gesundheitsförderung

Die Gesundheitsförderung dient dazu die Gesundheit der Mitarbeiter länger zu erhalten und so ihre Beschäftigung in der Pflege langfristig zu sichern (Benedix und Medjedovic, 2014). Dabei sollte es bei der betrieblichen Gesundheitsförderung nicht um „Reparatur und Medizin" gehen, sondern vor allem um Prävention. Durch eine regelmäßige Analyse der Arbeitsunfähigkeitstage könnten erste Rückschlüsse auf die Ursachen für Fehlzeiten gezogen werden. Anschließend können individuelle Maßnahmen wie Rückenschule, Entspannungstechniken, Fitness und physiotherapeutische Angebote erwägt werden (Schönberg, 2012). Pflegeeinrichtungen können heute nicht mehr auf die Beschäftigten über 50 Jahren verzichten, daher müssen sie auch diesen, einen langfristigen Erhalt und die Förderung der Gesundheit ermöglichen (Jandová, 2011). Nur dadurch kann ein Rückzug langjähriger Beschäftigter verhindert werden (Freiling, 2009). Lediglich ein ganzheitlicher Ansatz, der die Leistungsfähigkeit und Motivation des Einzelnen fördert, kann die physische und psychische Gesundheit und Arbeitsfähigkeit langfristig aufrecht erhalten (Jandová, 2011). Die Einrichtungen können das Angebot zur Erhaltung der Arbeits- und Beschäftigungsfähigkeit mitgestalten und müssen auf die Beschäftigten einwirken, Angebote zur Gesundheitsförderung wahrzunehmen. Eine wichtige gesundheitsfördernde Maßnahmen wäre ein Weiterbildungsangebot am Pflegebett, um das gesundheitsgerechte Heben und Tragen zu fördern und ein kräfteschonendes Arbeiten zu ermöglichen (Freiling, 2015).

Akademisierung der Pflege

Damit Pflegeberufe in Zukunft attraktiv sind, müssen mehr Möglichkeiten für studierwilligen Nachwuchs entstehen. Durch das Herabsenken des Zugangsniveaus auf den mittleren Bildungsabschluss wurde der Zugang für eine kleine Zielgruppe geöffnet, die in Zukunft stark abnehmen wird. Es ist daher unwahrscheinlich, dass sich junge Menschen mit 12-jähriger Schulbildung für einen Beruf in der Pflege entscheiden. Da diese jedoch die größte Gruppe an Schulabgängern stellen, muss sich der Pflegeberuf in diese Richtung wandeln (Kutschke, 2014). Die internationale RN4CAST-Studie fand in einer Befragung von Pflegekräften aus unterschiedlichen Ländern heraus, dass die Akademisierung von nicht zu unterschätzender Bedeutung für Deutschland ist. Denn es wurde ein Zusammenhang zwischen dem Qualifikationsniveau der Pflegekräfte und der Gesundheit der Patienten festgestellt. Trotzdem mangelt es bis heute an Studiengängen, die für die unmittelbare Patientenversorgung qualifizieren und an grundsätzlichen Studiengängen, die eine Pflegeerstausbildung bieten. Eine wichtige Maßnahme wäre demnach zunächst, dass die Bundesländer zusätzliche Studienplätze und Stellen im Hochschulbereich für den Bereich Pflege schaffen (Simon, 2015).

Zuwanderung

Bei der Zuwanderung geht es darum, Deutschland für qualifizierte Zuwanderer attraktiv zu machen. Dazu müssen Arbeitslosigkeit und Lohn besser sein als im Herkunftsland oder bei Mitbewerberländern. Ebenfalls wichtig ist es, die Regeln zur Anerkennung ausländischer Abschlüsse zu überarbeiten und die Einwanderer in administrativen Angelegenheiten, wie die Visabeschaffung, Wohnungssuche oder Sprachschulungen zu unterstützen. Aktive Anwerbeaktionen von Pflegekräften aus dem Ausland könnten durchaus erfolgreich sein, da die Bedingungen in Deutschland im Vergleich zu ost- oder südeuropäischen Ländern besser sind. In einem Pilotprojekt konnte bereits die Anwerbung von Auszubildenden aus Vietnam als erfolgreich verzeichnet werden. Denn dort mangelt es im Gegensatz zu Deutschland nicht an Arbeitskräften sondern an Arbeitsplätzen. Die Vietnamesen zeigten sich zudem als sehr zielstrebig, gewissenhaft und freundlich (BMWi, 2016).

Insgesamt konnten in einer Befragung des Forschungsinstituts betriebliche Bildung 2009 verschiedene Maßnahmen zusammengetragen werden, die Pflegekräfte als besonders wichtig erachten, um für eine optimale Patientenversorgung zu sorgen. In dem Bereich „Kompetenz und Entwicklung" wurde das Angebot an Weiterbildungen als besonders wichtig erachtet. In dem Handlungsfeld „Gesundheitsförderung" empfanden die befragten Pflegekräfte die Gesundheitsvorsorge, das betriebliche Gesundheitsmanagement und die altersgerechte Arbeitsplatzgestaltung bedeutsam. Zu dem Thema „Personalgewinnung- und -bindung" erwiesen sich die Erzeugung eines positiven Images und die Förderung der Vereinbarkeit von Beruf und Familie als besonders wichtig. Im Bereich „Arbeitsorganisation und Arbeitsgestaltung" hielten die Befragten die Bildung altersgemischter Teams, die Verbesserung der Zusammenarbeit und die Einhaltung von Erholungsphasen für wichtige Maßnahmen (Freiling, 2009). Um langfristig Pflegepersonal zu akquirieren bzw. zu binden und die Versorgung der zu Pflegenden zu gewährleisten, lassen sich schlussendlich drei wichtige Maßnahmen erkennen. Die Steigerung der Attraktivität bzw. die Verbesserung des Images von Pflegeberufen, die Verbesserung der Arbeitsbedingungen und der daraus folgende Abbau physischer und psychischer Belastungen sowie attraktivere Löhne durch die Erhöhung des Grundgehaltes oder andere Vergünstigen wie z.B. Bonuszahlungen (Gesellschaft für Wirtschaftliche Strukturforschung mbH, 2016).

Um den beiden größten Problemen, der mangelnden Attraktivität und der hohen Belastungen im Pflegeberuf entgegenzuwirken, werden im nun nachfolgenden Teil die zwei zukunftsweisenden Lösungsansätze des Employer Brandings und der Digitalisierung der Pflege ausführlich erläutert.

5.1 Employer Branding

Durch den steigenden Mangel an Fachkräften gehen Arbeitssuchende heute mit einem neuen Selbstbewusstsein an den Bewerbungsprozess (Hesse, Mayer, Rose, Fellinger, 2015). Potenzielle und aktuelle Mitarbeiter sollten zukünftig wie Kunden wahrgenommen werden. Der Arbeitsplatz wird somit zum Produkt und die Unternehmen müssen lernen, dieses Produkt zu verkaufen, um Mitarbeiter zu gewinnen, zu steuern und langfristig an das Unternehmen zu binden (Buckmann, 2013). Aus Bewerbern sind längst Umworbene geworden und die Mitarbeiter stellen aktuell die bedeutendste Ressource für jedes Unternehmen dar (Petkovic, 2008). Denn hinter jedem gut funktionierenden Unternehmen stehen die Kreativität, die Motivation und die Leistung der Mitarbeiter. Unternehmen, die es schaffen solche Leistungsträger an sich zu binden, haben einen zentralen Wettbewerbsvorteil. Der Wettbewerb am Absatzmarkt hat sich längst auf den Arbeitsmarkt ausgeweitet. Durch die demographische Alterung stehen dort jedoch immer weniger Arbeitskräfte zur Verfügung, so dass der steigenden Nachfrage ein immer weiter sinkendes Angebot gegenübersteht. Der Mangel an Nachwuchskräften und die abnehmende Bindungswilligkeit der Mitarbeiter sorgen dafür, dass das Employer Branding mehr und mehr an Bedeutung zunimmt (Sponheuer, 2010), denn die Unternehmen müssen Strategien entwickeln, um in dem Wettbewerb um die besten Mitarbeiter mithalten zu können (Mattmüller und Buschmann, 2015).

Das Employer Branding ist ein noch sehr junger Ansatz der Personalarbeit, der seinen Ursprung in dem Marketing hat (van Hoye und Lievens, 2007). Seit Anfang der 2000er Jahre wird an dem Thema geforscht, seit ca. 2005 erschienen die ersten Artikel und Bücher zu dem Thema, wodurch das Thema eine Art Boom erlebte (Kriegler, 2015). Während sich die großen Konzerne und die Industrie schon länger mit dem Thema befassen, ist das Employer Branding für das Gesundheitswesen noch relativ neu (Biernoth, 2016).

Der Begriff „Employer Branding" bedeutet übersetzt „Arbeitgebermarke" und bezeichnet alle Anstrengungen eines Unternehmens, sich als attraktiver Arbeitgeber zu präsentieren. Dabei geht es, im Gegensatz zu dem Personalmarketing, nicht um eine aktuell zu besetzende Stelle, sondern um ein dauerhaft positives Image. Das Employer Branding wird daher langfristig und strategisch angelegt (Edwards, 2009) und dient dazu, sich von anderen Unternehmen im Wettbewerb abzuheben (Au, 2018). Es wird als mitarbeiterorientierter Markenführungsansatz bezeichnet (Sponheuer, 2010). Um das Employer Branding als Marke besser einordnen zu können, werden nun kurz die unterschiedlichen Brandings im Vergleich zur Arbeitgebermarke aufgeführt.

Das *Corporate Branding* ist die Entwicklung einer Unternehmensmarke durch Werte und Ziele, die dabei helfen sich mit dem Unternehmen zu identifizieren. Das Corporate Branding bezieht sich auf das gesamte Unternehmen und legt den Fokus auf das Image des Unternehmens. Das Employer Branding ist ein Teil des Corporate Brandings und steht in einer starken Wechselbeziehung dazu, mit dem Ziel die Unternehmenswerte und die Wettbewerbsfähigkeit zu steigern. Das *Internal Branding* ist stark kundenorientiert und konzentriert sich auf das Markenerleben der Kunden und die interne Markenführung. Hierbei sind es die Mitarbeiter, die im Kundenkontakt die Markenwerte nach außen tragen. Bei dem *Behavioral Branding* geht es um die Einlösung des Leistungsversprechens der Mitarbeiter und ihr markenorientiertes Verhalten. Konkret sollen dabei die Werte des Unternehmens durch das Denken, Fühlen und Handeln der Mitarbeiter an externe Anspruchsgruppen transferiert werden. Zuletzt steht das *Leadership Branding* für die Entwicklung einer Führungskultur, die sich an der Unternehmensmarke orientiert. Dabei geht es um eine gemeinsame Führungshaltung, die Orientierung schafft und bis zur Basis durchdringt (Biernoth, 2016).

Das Employer Branding dient dazu, sich als attraktiver Arbeitgeber zu positionieren und zu präsentieren. Es geht dabei nicht nur um die Wirkung nach außen, sondern auch um die interne Entwicklung als Arbeitgeber (Au, 2018). Der wachsende Fachkräftemangel ist längst zu einer realen, existenziellen Bedrohung für viele Unternehmen geworden. Die bestehende Problematik wird langfristig zu Veränderungen auf dem Arbeitsmarkt, zu einem negativen Wirtschaftswachstum und zu dem Verlust einiger Unternehmen führen, wenn nicht umgehend entgegenwirkende Maßnahmen eingeleitet werden. Auch das Gesundheitswesen ist von diesen Entwicklungen stark betroffen (Biernoth, 2016). Im nachfolgenden Kapitel werden nun die Merkmale des Employer Brandings aufgeführt, um noch ausführlicher in das Thema einzusteigen.

5.1.1 Merkmale des Employer Brandings

Das Employer Branding ist viel mehr als nur Marketing. Ein Unternehmen muss sich nicht nur als attraktiv vermarkten, sondern auch die Grundlagen schaffen, um ein attraktiver Arbeitgeber zu werden (Kanning, 2017). Arbeitnehmer wünschen sich heute Arbeitsplätze mit finanzieller Sicherheit und Entfaltungs- und Selbstverwirklichungsmöglichkeiten. Aufgabe des Arbeitgebers ist es daher den Nutzen für beide Seiten zu maximieren. Das gelingt nicht nur durch die Erhöhung der Löhne, sondern auch durch das Fördern von immateriellen Leistungen wie ein gutes Arbeitsklima oder Mitarbeitervorteile (Mattmüller und Buschmann, 2015).

Das Employer Branding gliedert sich in zwei Bereiche und zwar den internen und externen Teil. Das interne Employer Branding betrifft die bestehenden Mitarbeiter, das externe die potenziellen Mitarbeiter. Ziel des internen Employer Brandings ist es, dass die Mitarbeiter sich die Arbeitgebermarke in ihrem Alltag positiv erleben z.b. durch das Führungsverhalten, die Gestaltung des Arbeitsumfeldes oder die interne Kommunikation. Mitarbeiter fungieren als Werbeträger und Markenbotschafter, wenn sie sich mit dem Unternehmen und deren Werten identifizieren. Das externe Employer Branding kommuniziert unterdessen die Positionierung des Arbeitgebers nach außen. Dazu werden Maßnahmen wie die Pflege der Beziehungen des Unternehmens zu potenziellen Mitarbeiter eingesetzt. Das externe Employer Branding bildet die Grundlage für das Arbeitgeberimage. Ziel des Employer Brandings ist es, das Bewusstsein der Arbeitssuchenden für das Unternehmen zu steigern, so dass potenzielle Mitarbeiter bereit sind, für eine Stelle zu kämpfen. Des Weiteren sollen bestehende Mitarbeiter stolz auf das Unternehmen sein und das nach außen transferieren, um andere Bezugsgruppen positiv zu beeinflussen. Employer Branding bedeutet daher mehr als Personalbeschaffung und -bindung, denn die Mitarbeiter sollen den Arbeitgeber nicht nur wählen, sondern sich auch zu Loyalität, Engagement und Leistung verpflichtet fühlen (Latzel, Dürig, Peters, Weers, 2015).

Gleichzeitig bietet das Employer Branding Orientierung bei der Auswahl des Arbeitgebers, denn Arbeitnehmer werden von den unterschiedlichen Unternehmen regelrecht mit Informationen überflutet. Eine Marke dient daher als Informationsträger und vermittelt eine Schlüsselbotschaft, die dem Arbeitsuchenden die Entscheidung erleichtert. Die Arbeitgebermarke zeigt den potenziellen Mitarbeitern an, ob ihr Profil zu dem Unternehmen passt, indem sie Werte, Kultur und besondere Eigenheiten abbildet. (Latzel et. al., 2015) Ebenfalls signalisiert sie Vertrauenswürdigkeit und erfüllt eine Qualitätsfunktion, wodurch das Risiko minimiert wird, sich für den falschen Arbeitgeber zu entscheiden (Petkovic, 2008). Zu den Möglichkeiten des Employer Brandings zählen u.a. Imagebroschüren, Sponsoring, Mundpropaganda und die Formulierung von Leitbildern (Kanning, 2017).

Am wichtigsten ist jedoch die Formulierung einer Positionierungsstrategie. Sie stellt das Fundament des Employer Brandings dar und sollte drei Qualitäten enthalten (siehe Abbildung 6). Der Anker steht dabei für die Kultur und die Werte eines Unternehmens und sorgt für Glaubwürdigkeit, Nachhaltigkeit und Identifikation. Der Differenziator fördert die Bekanntheit eines Arbeitgebers und hebt das Unternehmen im Wettbewerbsprozess von Anderen ab. Der Treiber wiederum bildet die gewünschte organisationale Entwicklung und die angestrebten Ziele für die Zukunft ab (Kriegler, 2015).

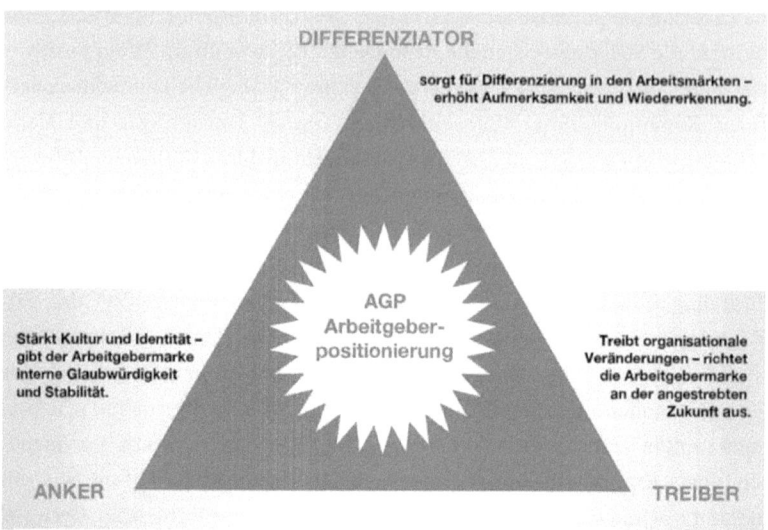

Abbildung 6: Qualitätsdreieck der Arbeitgeberpositionierung
Quelle: Biernoth, M. (2015) – Employer- und Behavioral Branding im Gesundheitswesen

Konkret bedeutet das die Kommunikation nach außen so zu gestalten, dass die Arbeitssuchenden das Unternehmen wahrnehmen, sich dafür interessieren und den Kontakt suchen. Passivsuchende wie z.b. Studierende, die noch Zeit bis zu dem Abschluss haben, benötigen eine andere Ansprache als Aktivsuchende. Hier sind es z.B. Studien- oder Karrieremessen mit denen Unternehmen auf sich aufmerksam machen können. Hilfreich wären zudem Karriereseiten für Unternehmen, da sie zur Arbeitgeberkommunikation beitragen und bereits als Selektionsverfahren für beide Seiten fungieren. Als letztes erfolgt im persönlichen Kontakt die Überprüfung der medial kommunizierten Werte auf ihre Authentizität. Die Arbeitgebermarke muss also permanent in Erscheinung treten, damit der Rekrutierungsprozess erfolgreich verläuft (Biernoth, 2016).

Abschließend lassen sich folgende Aufgaben für das Employer Branding zusammenfassen. Bei den potenziellen Mitarbeitern steht die Gewinnung für das Unternehmen im Vordergrund, sowie die Positionierung als attraktiver Arbeitgeber und die Abhebung von anderen Unternehmen. Wirtschaftlich gesehen ist es wichtig, die Akquirierungskosten für neue Mitarbeiter zu senken und die Such- und Auswahlverfahren zu optimieren. Für die bestehenden Mitarbeiter sind die Ziele zum einen, eine emotionale Bindung zu dem Unternehmen entstehen zu lassen, denn das fördert den Einsatz und die Leistungsbereitschaft, und zum anderen die Werte des Unternehmens zu leben und für die Arbeitgebermarke einzustehen. Ehemalige Mitarbeiter haben bisweilen noch keine Berücksichtigung bei dem Employer Branding gefunden, dabei können auch sie durch Empfehlungen positiven Einfluss auf ein Unternehmen nehmen, denn sie gelten als besonders glaubwürdig. Die Wertschätzung ehemaliger Mitarbeiter kann sich auch positiv auf die Motivation und Bindung aktueller Mitarbeiter auswirken (Sponheuer, 2010).

Die Bildung einer solchen Arbeitgebermarke ist vor allem für das Gesundheitswesen, welches von dem steigenden Fachkräftemangel stark betroffen ist von entscheidender Bedeutung, um eine optimale Versorgung aufrecht zu erhalten. Mit kurzfristigen Personalplanungen wird es nicht mehr möglich sein, den aktuellen Problemen entgegenzuwirken. Nur durch die nachhaltige Entwicklung der Arbeitgebermarke und einer langfristigen Personalstrategie kann es gelingen, die Unterversorgung an Fachkräften zu kompensieren. Im nachfolgenden Kapitel werden nun die Potenziale und Grenzen des Employer Brandings gegenübergestellt (Biernoth, 2016).

5.1.2 Potenziale und Grenzen

Potenziale

Wie bereits im vorangegangenen Abschnitt beschrieben, hat das Employer Branding das Potenzial, ein Erfolgsfaktor im Kampf gegen den Fachkräftemangel zu sein. Die schnellere Besetzung von Stellen, eine erhöhte Mitarbeiterbindung, ein gesunkener Krankstand und ein besseres Image sind nur einige positive Effekte des Employer Brandings (Biernoth, 2016). Das Employer Branding kann für Unternehmen wie ein Motor wirken, der zu dem Aufbau einer sozialen Identität beiträgt (Edwards, 2009). Nach außen wirkt die Arbeitgebermarke dann auf potenzielle Bewerber ein, die sich von ihr angezogen fühlen und sich bewerben. Im Wettbewerb um hochqualifizierte Mitarbeiter ist das Employer Branding eine strategische Investition, denn potenzielle Mitarbeiter werden animiert, sich zu bewerben und bei den bestehenden Mitarbeitern sorgen Arbeitszufriedenheit, ein positives Image und die Verpflichtung dafür, dass sie nicht zur Konkurrenz wechseln. Im günstigsten Fall fühlt sich ein Arbeitnehmer so stark mit dem Unternehmen verbunden, dass er auch widrige Umstände verzeiht, die es dem Arbeitgeber nicht ermöglichen, optimale Arbeitsbedingungen zu schaffen (Kanning, 2017). Zusätzlich kann die Arbeitgebermarke den potenziellen Mitarbeitern, die eine Arbeit suchen, helfen ihren Markenwert zu steigern und ihnen dadurch einen emotionalen Gewinn verschaffen. Wird ein Arbeitnehmer von einem attraktiven Unternehmen eingestellt, steigert sich auch der Wert seiner Kompetenzen und Fähigkeiten bei zukünftige Arbeitgeber. Gleichzeitig steigert die Zugehörigkeit zu einem angesehenen Unternehmen mit einer attraktiven Arbeitgebermarke das Ansehen und den Status des Einzelnen (Petkovic, 2008).

Grenzen

In der Literatur lassen sich aber auch weniger positive Stimmen ausmachen, die besagen, dass das Konzept des Employer Branding auch Hindernisse und Grenzen aufweist. So ist es wichtig, dass nach außen kommunizierten Werte nicht nur ausformulierte Sätze, sondern auch in dem Unternehmen erlebbar sind, damit die Glaubwürdigkeit des Unternehmens bestehen bleibt. Der attraktive Auftritt alleine reicht nicht aus, um Mitarbeiter langfristig zu binden. Auch wenn das Employer Branding an sich bekannt ist, werden damit häufig unterschiedliche Inhalte und Erwartungen verbunden. Die alten Ansichten und Wirkungsmechanismen abzulegen und somit umzudenken, hat noch nicht in allen Unternehmen stattgefunden. Altes loszulassen und etwas Neues zu beginnen, ist für viele Menschen eher schwierig (Biernoth, 2016).

Zusätzlich wird es im Vergleich zu früher grundsätzlich schwieriger, die Loyalität der Mitarbeiter herzustellen. Durch andere Lebenseinstellungen und die räumliche Flexibilität wechseln Mitarbeiter deutlich häufiger den Arbeitsplatz und arbeiten nicht mehr, wie es früher der Fall war, ihr ganzes Leben in dem gleichen Unternehmen. Dieses Umfeld macht es heutigen Unternehmen schwer, Loyalität und Verbundenheit herzustellen (Mattmüller und Buschmann, 2015). Es ist jedoch so, dass bei der Entwicklung einer Arbeitgebermarke die Mitarbeiter eine große Rolle spielen. Denn sie können das Image und das Ansehen eines Unternehmens maßgeblich beeinflussen. Nicht immer sind die Mitarbeiter jedoch so einfach „auf Kurs" zu bringen (Kanning, 2017).

Des Weiteren stellt sich die Frage, wie realistisch es für ein Unternehmen heutzutage ist, eine Einzigartigkeit unter den Arbeitgebern herzustellen. Die Masse der Arbeitgeber übersteigt die Anzahl der Merkmale, die sie voneinander unterscheiden deutlich. In der Realität arbeiten die meisten Menschen in kleinen

Unternehmen, die sich nicht aus der Masse hervorheben können und dies auch nach massiven Investitionen in das Employer Branding nicht schaffen. Das heißt jedoch nicht, dass sich diese Arbeitgeber keine Gedanken über ihre Attraktivität in der Öffentlichkeit machen sollen, die Ziele sollten nur realistisch bleiben. Es geht dabei also mehr um die Tatsache, ein attraktiver Arbeitgeber zu werden als sich durch Einzigartigkeit von anderen abzugrenzen. Ein einzigartig guter Arbeitgeber zu werden, ist für kleine Unternehmen eine Utopie. Zusätzlich ist über den Prozess, wie ein Unternehmen zu einer Arbeitgebermarke wird, nur wenig bekannt. Trotz der großen Popularität des Themas Employer Branding gibt es noch wenig empirisch abgesicherte Erkenntnisse. Das Wichtigste ist es, die Glaubwürdigkeit der Botschaften, die ein Unternehmen nach außen transferiert, nicht aus den Augen zu verlieren. Einen schnellen unkomplizierten Weg ohne potenzielle Nebenwirkungen, scheint es in der Entwicklung einer Arbeitgebermarke nicht zu geben (Kanning, 2017).

In diesem Kapitel wurde deutlich, dass das Employer Branding ein Lösungsansatz ist, der es Unternehmen ermöglicht, Mitarbeiter zu akquirieren indem sie sich zu einem attraktiven Arbeitgeber entwickeln. Der Umdenkprozess alte Konzepte loszulassen, um Neue zu entwickeln, hat vor allem im Gesundheitswesen noch nicht stattgefunden. Das Gesundheitswesen befindet sich am Wendepunkt, an dem es wichtig ist, neue Konzepte auszuprobieren und unkonventionelle Wege zu gehen, um für die Zukunft gewappnet zu sein (Biernoth, 2016). Da die Mitarbeiter auch für stationäre Einrichtungen die wichtigste Ressource darstellen, ist es an der Zeit Maßnahmen zu ergreifen, die die Attraktivität eines Berufes in Pflegebereich steigern. Trotz der aufgeführten Grenzen hat das Employer Branding das Potenzial eine der Lösungen zu sein, die den Fachkräftemangel in Zukunft in die richtige Richtung lenkt und so die pflegerische Versorgung in stationären Einrichtungen verbessert. Ein weiterer sehr aktueller Lösungsansatz ist die Digitalisierung der Pflege. Diese wird im nun folgenden Kapitel als zweites Beispiel für die Optimierung der pflegerischen Versorgung aufgeführt.

5.2 Digitalisierung der Pflege

In rasantem Tempo erhält die Digitalisierung Einzug in unser Leben (Daum, 2017). Jedes Auto ist heute mit Sensoren ausgestattet, um den Fahrer zu schützen. Zusätzlich ist es mittels Smartphone möglich, sich immer und überall im Internet zu informieren und überall erreichbar zu sein (Bräutigam, 2017). Auch im Gesundheitswesen spielt die Digitalisierung eine große Rolle, denn sie bietet Antworten auf die durch die demographische Alterung entstandenen Herausforderungen für die Pflege (BGW, 2017).

Unter Digitalisierung versteht man den Wandel, der es ermöglicht, Daten elektronisch zu speichern, sowie das digitale Vernetzen und Verarbeiten von Informationen (Daum, 2017). Das heißt Digitalisierung ist das Umwandeln von Bild, Text und Ton in digitale Daten. Daten können bewegt und von unterschiedlichen Personen parallel, an unterschiedlichen Orten, zu jedem Zeitpunkt, bearbeitet und gespeichert werden (Bräutigam, 2017). Mit Hilfe moderner Informations- und Kommunikationstechnologien, Ambient Assisted Living Systemen und Robotertechniken soll der Pflegealltag erleichtert und das Pflegesystem entlastet werden. Pflegekräfte sollen dabei nicht ersetzt, sondern sinnvoll ergänzt werden. Mit Hilfe der Digitalisierung soll in einer immer älter werdenden Gesellschaft die Versorgungsqualität gesteigert und Pflegebedürftigen ein selbstbestimmtes Leben ermöglicht werden (BVDW, 2017). Gerade der Pflegebereich, der durch starke physische und psychische Belastungen gekennzeichnet ist und einen hohen Krankenstand bei dem Personal aufweist, gilt als Branche mit einem hohen Modernisierungsbedarf (Hawig, 2017). Aufgrund der Bedeutung der zwischenmenschlichen Fürsorge und der sozialen Interaktion zwischen Pflegekräften und Patienten gilt das Gesundheitswesen aktuell jedoch noch als relativ gering digitalisiert und wird daher häufig als Nachzügler im Bereich der Digitalisierung beschrieben. Das liegt auch daran, dass der Pflegebereich durch besondere Anforderungen im Datenschutz und im Umgang mit personensensiblen Daten, nicht mit anderen Branchen zu vergleichen ist (Daum, 2017).

In Zeiten, in denen der Fachkräftemangel steigt, ist es jedoch unerlässlich über technische Hilfen in der Pflege nachzudenken, denn eine Technisierung kommt auch den Patienten zu Gute. Ein wesentlicher Bestandteil der Pflege ist das Einfühlungsvermögen und die Menschlichkeit, diese sollen keineswegs maschinell übernommen werden. Digitale Hilfen sollen lediglich mehr Zeit für die eigentliche Pflegetätigkeit schaffen und durch die Entlastung im Pflegealltag mehr Zeit und Zuwendung für die Pflegebedürftigen zur Verfügung stellen (Robert Koch-Institut, 2015a). Zusätzlich wird die Patientensicherheit gesteigert, Schnittstellenprobleme werden überwunden, und der Pflegeberuf wird aufgewertet (IGES Institut, 2017).

Ein leistungsstarkes Gesundheitswesen ist ohne Digitalisierung kaum noch vorstellbar (IGES Institut, 2017). Sie stellt einen wichtigen Beitrag zur Lösung aktueller Herausforderungen in der Pflege dar und kann durch effektiven Einsatz auch zu einer Reduzierung der Kosten im Gesundheitssystem führen (Gigerenzer, Schlegel-

Matthies, Wagner, 2016). Die Digitalisierung wird die Gesellschaft und das Arbeitsleben in der Pflege massiv verändern. So wird es zu Veränderungen in der Arbeitsgestaltung und einer vermehrten Mensch-Maschine Interaktion kommen (Bräutigam, 2017). Im nachfolgenden Kapitel wird nun detailliert auf die Merkmale der einzelnen Digitalisierungsbereiche eingegangen, um darzustellen in welche Bereiche der Pflege die Digitalisierung eingreift.

5.2.1 Merkmale der Digitalisierung

Die Arbeitswelt verändert sich stetig weiter. Verbesserungen der Arbeitsorganisation, Minimierung der Belastungen und neue Anforderungen an Qualifikation und Kompetenz gehören schon immer dazu. Früher waren es die Entwicklung der Dampfmaschine, das elektrische Fließband oder die Entwicklung von Elektronik, die zu einem Umbruch für die Arbeitenden führten. Heute sind es vernetzte und intelligente Techniken, die die Phase 4.0 beschäftigen. Diese Technologien werden auch den Pflegeberuf verändern und sich auf das Belastungsgeschehen und die damit verbundenen Folgen auswirken. Die Erwartungen an die Digitalisierung sind hoch. Die Pflege soll dabei entlastet werden, und es soll mehr Zeit für die Patienten entstehen (BAuA, 2015). Es lassen sich bei der Digitalisierung der Pflege drei zentrale Gestaltungsfelder erkennen, die Folgenwirkungen für die Arbeitsorganisation, Beschäftigte, Tätigkeiten und Qualifikationsanforderungen haben (Daum, 2017).

Informations- und Kommunikationstechnologien (IKT)

Zu dem Bereich der IKT gehören vor allem Informations- und Verwaltungssysteme und der Einsatz mobiler Endgeräte, wie Smartphones oder Tablets zu der Datenerfassung und zu dem Datenabruf (Daum, 2017). Dazu zählen auch die elektronische Dokumentation bzw. die elektronische Patientenakte (ePA), sowie die digitale Personaleinsatzplanung im stationären Bereich. Als elektronische Dokumentation wird das schriftliche Festhalten der durchgeführten, pflegerischen Maßnahmen bezeichnet (Hielscher, 2014). Eine zentrale Aufgabe der Digitalisierung ist die Weiterentwicklung der Pflegedokumentationssysteme zur Förderung einer durchgängigen Pflegedokumentation und einer interdisziplinären Vernetzung (BGW, 2017). Die ePA ist eine Sammlung patientenrelevanter Daten, die elektronisch generiert wird. Sie wird in das Informationssystem der Einrichtung eingebunden und erlaubt einen einrichtungsübergreifenden Zugriff auf die Patientendaten. Die ePA ersetzt die Papierdokumentation und vereinfacht dadurch die Datenerfassung. Die digitale Personaleinsatzplanung erleichtert die Planung der Schichten und sorgt für Transparenz in Bezug auf die Arbeitszeiten der Angestellten. Zusätzlich ermöglicht die digitale Personaleinsatzplanung eine schnelle Reaktion auf Veränderungen aufgrund von Krankenständen (Daum, 2017).

Hilfs- und Monitoringsysteme

Zu dem Bereich der Hilfs- und Monitoringsysteme gehören Telemedizin/Telecare und technische Assistenzsysteme. Telemedizin und Telecare tragen dazu bei, die Pflege zu erleichtern, indem sie räumliche und zeitliche Distanzen zwischen Leistungserbringern und -empfängern überbrücken (Hielscher, 2014). Als Beispiele gelten die Übertragung von Patientendaten an Gesundheitsdienstleister (Telemonitoring), Apps auf Smartphones und die Übertragung diagnostischer Bilder an einen Arzt der weiter entfernt ist (Telekonsultation) (SVR, 2014). Zusätzlich vereinfacht die Telemedizin die Überwachung von Vitalparametern, wie Blutdruck und Herzfrequenz und kann in der stationären Kranken- und Altenpflege eingesetzt werden (Daum, 2017). Technische Assistenzsysteme, oft auch als Ambient Assisted Living bezeichnet, sind Assistenzsysteme zu Verbesserung der Lebensqualität älterer Menschen durch eine moderne Technologie. Dabei ist die technische Assistenz nicht zur Überwachung oder Behandlung von Krankheiten gedacht und eignet sich auch für gesunde Senioren (Ewers, 2010).

Beispiele für technische Assistenz sind intelligente Fußböden, die erkennen, wenn Jemand gestürzt ist, intelligente Betten, die erkennen, wenn Pflegebedürftige das Bett verlassen, Aufstehhilfen, aber auch Smartwatches. Diese moderne Technologie ermöglicht es Notrufe und Klingelsignale, sofort auf die Uhr zu übertragen. Die Pflegekräfte erkennen so sofort, wenn Jemand Hilfe benötigt und sparen unnötige Wegezeiten, da das Signal sonst nur im Pflegezimmer zu erkennen ist (BVDW, 2017). Zusätzlich können die Smartwatches bestimmte Tätigkeitsabläufe anzeigen oder an wichtige Termine wie die Medikamentenverabreichung erinnern. Werden auch die Bewohner mit Smartwatches ausgestattet, können so auch Stürze, sowie das Herumirren in der Einrichtung angezeigt werden. Zusätzlich gibt es die Möglichkeit, die Smartwatch mit GPS Ortung auszustatten. Dadurch ließen sich vor allem Demenzerkrankte leichter aufspüren und es wird verhindert, dass Bewohner lange gesucht werden müssen. Ein weiteres Assistenzsystem für Pflegekräfte ist die intelligente Berufsbekleidung. Mithilfe dieser Kleidung lassen sich Bewegungen und Körperhaltungen erfassen und so ein Bewegungsprofil erstellen. Daraus können dann präventive Schulungs- und Trainingsprogramme entstehen, um die Gesundheit des Pflegepersonals zu schützen (Daum, 2017).

Robotik

Zuletzt gibt es den Bereich der Robotik. Dazu zählen u.a. Service und Transportroboter, pflegenahe Roboter und Emotionsroboter, wie die Pflegerobbe PARO, bei der die Mensch-Maschine Interaktion im Vordergrund steht (Daum, 2017). Im Mittelpunkt der Robotik stehen autonome Handlungen ohne menschliche Aktionen. Zu den Servicerobotern zählen solche Roboter, die für den Menschen nützliche Aufgaben übernehmen. In der Pflege werden hauptsächlich diese Serviceroboter verwendet (BGW, 2017). Als große Unterstützung gelten Transportroboter. Sie übernehmen z.b. den Transport von Wäsche oder Essen und fahren völlig autonom. Das Pflegepersonal kann die Roboter anfordern und ihnen Aufgaben zuweisen. In der Nacht unterstützen die Roboter das Pflegepersonal und patrouillieren über die Stationen. Bei Kontakt mit Bewohnern lösen sie Alarm aus. Zu den pflegenahen Robotern gehören automatisierte Lifter. Das Heben von Patienten ist ein zentraler Bestandteil der Pflege und wird als besonders körperlich anstrengend empfunden. Noch werden für unterschiedliche Tätigkeiten verschiedene Liftersysteme verwendet. Zukünftig sollen Lifter eingesetzt werden, die alle Funktionen in einem vereinen und selbständig zum Einsatzort fahren. Dadurch wird das ständige Suchen der Lifter verhindert und auch, dass Personen aus Zeitmangel manuell bewegt werden (Graf, Heyer, Klein, Wallhoff, 2013).

Auch Serviceroboter, die über die Stationen fahren und Getränke anreichen, sind eine erhebliche Entlastung für das Pflegepersonal. Die Roboter sind mit der Bewohnerdatenbank verknüpft und erstellen automatisch Trinkprotokolle der Pflegebedürftigen, welche von dem Pflegepersonal an dem PC abgerufen werden können. Dadurch kann erheblich Zeit eingespart werden. Zusätzlich sorgen die Roboter für Unterhaltung, indem sie Musik abspielen oder einzelne Spiele bereitstellen. Auf den Stationen können intelligente Pflegewagen für Entlastung sorgen. Sie stellen benötigte Pflegeutensilien automatisch bereit und dokumentieren den Verbrauch selbständig. In einem automatisierten Lager werden die Pflegewagen automatisch befüllt, so dass die Pflegekräfte dies nicht mehr selber machen müssen. Dadurch werden Lagerplätze auf den Stationen reduziert, Laufwege gespart, sowie der Zeitaufwand gesenkt (Graf et al., 2013).

Es zeigt sich, dass digitale Innovationen viele Chancen eröffnen, die Qualität der Versorgung im Gesundheitswesen zu verbessern, sowie Belastungen und Bürokratie abzubauen (DIP, 2017). Auf diese Potenziale, aber auch die Grenzen, die mit der Digitalisierung der Pflege verbunden sind, wird im nun folgenden Kapitel eingegangen.

5.2.2 Potenziale und Grenzen

Potenziale

In der Literatur lassen sich unterschiedliche Chancen durch die Digitalisierung der Pflege zusammenführen. Digitalisierung kann die Versorgungsqualität verbessern, die Dokumentation erleichtern, zu einer Zeitersparnis führen und somit mehr Zeit für Patienten bereitstellen. Zusätzlich werden Pflegekräfte von Routineaufgaben entlastet und bei körperlich anstrengenden Arbeiten unterstützt (Bräutigam, 2017). Vor allem die psychischen und physischen Belastungen des Pflegeberufes können mit Hilfe der Digitalisierung minimiert werden. Dazu dienen technische Systeme zur Kraftunterstützung und zur Entlastung des Stütz- und Bewegungsapparates der Pflegekräfte. Mithilfe dieser Systeme wird auch die Beschäftigungsfähigkeit im hohen Alter erhalten (BGW, 2017). Bei der psychischen Entlastung und der Stressminimierung helfen Hilfssysteme für desorientierte Personen, um Pflegekräfte bei der Ausübung ihrer Fürsorgepflicht zu unterstützen (BAuA, 2015). Es kann demnach eine ständige Beobachtung erfolgen, ohne dass ein Mensch permanent anwesend sein muss. Dies wirkt sich positiv auf das Stressempfinden der Pflegekräfte aus. Durch eine elektronische Dokumentation können zusätzlich Fehler reduziert und eine zunehmende Transparenz gefördert werden. Bei handschriftlicher Dokumentation gehen viele Informationen verloren. Unterschiedlichste Handschriften sind oft nicht für jeden lesbar. Außerdem ist es bei einer handschriftlichen Dokumentation schwierig Informationen, die schon länger zurück liegen, noch nachzuhalten. Patienten profitieren durch die elektronische Dokumentation von einer erhöhten Sicherheit und Pflegequalität (BGW, 2017).

Durch Telemedizin und Telecare können pflegebedürftige Menschen länger in ihrer häuslichen Umgebung bleiben und der Pflege- und Versorgungsaufwand minimiert sich. Dadurch können Heim- und Krankenhauseinweisungen vermieden oder zeitlich verschoben werden. Des Weiteren entstehen durch den Einsatz moderner Technologien in der Pflege neue Tätigkeitsfelder für Pflegende. Sie können Beratungskompetenzen für den Einsatz digitaler Assistenzen erwerben. Dadurch sind sie befähigt, den individuellen Bedarf Pflegebedürftiger in Bezug auf den Technikeinsatz zu erkennen und eigenverantwortlich Entscheidungen zur Anschaffung eines Assistenzsystems anzuregen. Pflegekräfte könnten somit als Technikvermittler tätig werden. Vor allem der Erstkontakt mit einer neuen Technik beeinflusst die Akzeptanz. Insgesamt lässt sich durch die Digitalisierung der Pflege die Mitarbeiterzufriedenheit erhöhen und die Attraktivität als Arbeitgeber erhöhen. Gleichzeitig wird durch die Digitalisierung eine bessere sektorübergreifende Vernetzung zwischen der ambulanten und stationären Pflege erreicht (BGW, 2017).

Grenzen

Die Digitalisierung bietet viele Chancen, jedoch gibt es auch einige Kritiker und Hemmnisse, die die Einführung neuer Technologien behindern. Häufig wird in der Literatur davon gesprochen, dass der Technikeinsatz zur Depersonalisierung führt und Menschen durch Maschinen ersetzt werden. Die Pflege würde automatisiert werden und die menschliche Zuwendung auf der Strecke bleiben (BAuA, 2015). Gleichzeitig nehmen pflegefremde Tätigkeiten zu, weil die Sammlung der Daten an Bedeutung gewinnt. Dadurch würde die Präsenzzeit beim Menschen abnehmen. Die Einführung neuer Techniken ist zudem mit einem großen Mehraufwand verbunden, der zunächst nicht durch den Nutzen ausgeglichen werden kann. Des Weiteren wird befürchtet, dass durch die Einführung der Digitalisierung der Weg zum „gläsernen Patienten" geebnet wird. Patienten würden dadurch die Kontrolle über ihre gesundheits- und pflegerelevanten Daten verlieren (BGW, 2017).

Bisher mangelt es an verlässlichen Erkenntnissen über die Digitalisierung der Pflege. Es gibt nur wenige Daten zu den Auswirkungen moderner Technologien auf die Pflege. Auch Erfahrungen zu bestehenden Projekten sind nur wenig veröffentlicht (BGW, 2017). Bei den Pflegekräften und Pflegebedürftigen kommt zudem das Problem auf, dass sie nicht im Umgang mit den Techniken geschult sind, und ihnen dadurch wichtige Kompetenzen fehlen. Pflegende haben im Alltag zu wenig Zeit, um den Umgang mit moderner Technologie zu lernen. Zusätzlich halten die Pflegenden häufig an Altbekanntem fest. So wird z.B. häufig auf die gewohnte handschriftliche Dokumentation zurückgegriffen (Hielscher, 2014). Eine wachsende Transparenz würde zudem dazu führen, dass neue Möglichkeiten zur Beschäftigtenüberwachung entstehen. Das wiederum steigert den Arbeits- und Zeitdruck und dadurch die psychische Belastung Pflegender (Daum, 2017). Eine elektronische Dokumentation ist demnach mit neuen Anforderungen an den Mitarbeiterdatenschutz verbunden. Auf den Stationen entsteht außerdem oft das Problem, dass nicht genug Computer vorhanden sind, damit mehrere Pflegekräfte gleichzeitig dokumentieren können (BGW, 2017).

Zusätzlich entstehen bei der Entwicklung neuer Technologien häufig Probleme, da die Technikentwicklung an den Bedürfnissen der Patienten vorbeigeht. Die Technologien werden häufig von Technikern entwickelt, die sich zu wenig mit den wirklichen Bedarfen der Pflege auskennen. Nutzer werden erst in Feldversuchen miteinbezogen (BGW, 2017). Daher werden bestehende IKT Lösungen von Pflegebedürftigen nur wenig akzeptiert und angenommen (DIP, 2017). Für Technikentwickler hingegen ist der Zugang zum Gesundheitsmarkt oft schwierig. Hohe Eintrittsbarrieren führen dazu, das kleine Unternehmen kaum Chancen haben, ihre innovativen Ideen auf den Markt zu bringen. Die wenigsten Produkte schaffen es, bis zur Serienreife zu gelangen, auch da die Finanzierung oft nicht gesichert ist (IGES Institut, 2017).

Entsprechend gering ist auch die derzeitige Verbreitung moderner Technologien. Die elektronische Dokumentation ist in Krankenhäusern deutlich mehr verbreitet, als in der Altenpflege. Telecare ist in Deutschland kaum verbreitet, wohingegen die Telemedizin bereits eingesetzt wird, jedoch nicht flächendeckend vorhanden ist (BGW, 2017). Der Bereich der technischen Assistenzsysteme ist inzwischen groß und unübersichtlich und wächst rasant. Die Systeme befinden sich aber meistens noch in der Vormarktphase (Gigerenzer et al., 2016). Auch die Robotik findet sich aktuell häufig im gewerblichen Bereich jedoch nicht in der Pflege. Der Verbreitungsgrad ist relativ gering (BGW, 2017).

Es zeigt sich, dass die Digitalisierung ebenfalls einen wichtigen Lösungsansatz für die bevorstehenden Herausforderungen darstellt. Die Digitalisierung hat das Potenzial, die Pflege maßgeblich zu beeinflussen und die Attraktivität des Berufs zu steigern, die Belastungen zu senken und Zeit zu sparen. Dafür müssen jedoch noch einige Hindernisse aus dem Weg geräumt und bessere Rahmenbedingungen für neue Technologien im Pflegebereich geschaffen werden, um die Digitalisierung endgültig voran zu treiben. Im nachfolgenden Kapitel erfolgt nun die abschließende Diskussion über die gewonnenen Erkenntnisse in Bezug auf die Ausgangsfrage.

6 Diskussion der Ergebnisse

Nach Abschluss der Literaturarbeit zeigt sich in Bezug auf die demographische Alterung, dass die Lebenserwartung weiter zunehmen wird. Das heißt, die Menschen werden zunehmend älter, doch es werden nicht genug Kinder geboren, um diese Verschiebung der Altersstruktur aufzufangen. Frauen bekommen ihre Kinder später als früher, einige bleiben sogar kinderlos. Das Ungleichgewicht der Altersstrukturen weitet sich zukünftig aus, so dass sich die Alterspyramide bis zum Jahr 2060 fast umgekehrt haben wird. Die Anzahl der jungen Menschen wird abnehmen, während die Anzahl alter Menschen ansteigen wird. Jeder achte Mensch wird 2060 80 Jahre oder älter sein. Gleichzeitig wird die Anzahl der erwerbstätigen Personen abnehmen, denn diese wird aktuell von der Babyboomer-Generation bestimmt, die ab 2025 in Rente gehen wird. Das wird zu einem Defizit in der Erwerbstätigenquote führen.

Die Entwicklungen der demographischen Alterung wirken sich auf die Krankenhäuser und Pflegeheime aus und führen zu steigenden Herausforderungen. Zunächst wird sich die Zunahme der Hochbetagten auf die Pflegebedürftigkeit auswirken. Die Anzahl der Pflegebedürftigen wird stetig zunehmen. Mehr ältere Menschen werden zu einer steigenden Pflegebedürftigkeit führen und damit zu einer höheren Nachfrage nach Pflegeplätzen. Die Pflegebedürftigkeit und die Krankenhausaufenthalte werden zusätzlich durch den Anstieg altersassoziierter Erkrankungen verstärkt. Erkrankungen wie Demenz, Schlaganfall, Herzinfarkt oder Morbus Parkinson werden zukünftig noch häufiger auftreten und führen dazu, dass der Pflegebedarf weiter steigt. Durch das vermehrte, gleichzeitige Auftreten von Erkrankungen bei älteren Menschen steigt in dessen Folge auch die Zahl der multimorbiden Menschen. Multimorbidität führt fast immer zur Pflegebedürftigkeit und zu vermehrten Krankenhausaufenthalten. Das heißt es kommt in Folge der demographischen Alterung und der gestiegenen Pflegebedürftigkeit zu einem wachsenden Versorgungsproblem, da nicht genügend Pflegekräfte zur Verfügung stehen, um diesen Pflegebedarf aufzufangen. Gleichzeitig werden die Krankenhäuser mit der Versorgung demenzkranker Patienten konfrontiert werden, auf die sie nicht eingestellt sind. Die Pflegeheime werden hingegen mit dem steigenden Bedarf an Pflegeplätzen konfrontiert, den sie nicht bewältigen können.

Das heißt, die aktuellen Entwicklungen der Gesellschaft führen dazu, dass die stationären Einrichtungen vor großen Herausforderungen stehen, um die pflegerische Versorgung zu gewährleisten. Es fehlt an Personal und das bestehende Personal ist stark überlastet. Der Pflegeberuf gilt aktuell als wenig attraktiv und körperlich und psychisch sehr anstrengend. Daher ist es schwer, neues Personal zu gewinnen und bestehendes zu binden. Viele Pflegekräfte sind mit ihrem Beruf unzufrieden, da sie zu wenig verdienen, und ihre Arbeit nicht wertgeschätzt wird. Die Unterbesetzung auf den Stationen führt dazu, dass die Versorgungsqualität nicht gewährleistet werden kann. Es entsteht somit ein Kreislauf aus einer älter und kränker werdenden Gesellschaft, die einen vermehrten Bedarf an Krankenhausleistungen und Pflegeplätzen aufweist. Gleichzeitig steht jedoch nicht genug Personal zur Verfügung, um diesen Bedarf aufzufangen. Nur wenn die aktuellen Herausforderungen angenommen werden, kann der zunehmende Pflegebedarf bewältigt werden.

Um in Zukunft für eine optimale Versorgung zu sorgen, kann daher nur der gezielte Einsatz von Maßnahmen zur Akquirierung neuer Mitarbeiter und zur Verbesserung der Situation aktueller Mitarbeiter helfen. Dazu wurden vor allem das Employer Branding und die Digitalisierung aufgeführt. Es stellte sich heraus, dass es besonders wichtig ist, sich als Arbeitgeber attraktiv zu machen und eine Arbeitgebermarke zu entwickeln. Durch das Employer Branding wird ein positives Image generiert, von dem sich potenzielle Bewerber angezogen fühlen. Gleichzeitig ist es jedoch wichtig, das Gesagte auch im Unternehmen zu leben, um die Glaubwürdigkeit nicht zu verlieren. Die Digitalisierung hingegen kümmert sich hauptsächlich um die Entlastung der Bestandsmitarbeiter und kann auch einen wichtigen Beitrag zu der Patientensicherheit leisten. Gleichzeitig können Wegezeiten gespart und Routinetätigkeiten minimiert werden. Bis jetzt gibt es jedoch noch nicht ausreichend Studien zu dem Einsatz solcher Technologien, und den Mitarbeitern fehlt es an den geeigneten Kompetenzen im Umgang.

Nur die Einrichtungen, die die Herausforderungen erkennen und aktiv dagegen angehen, haben eine Chance auf dem Markt zu bestehen und die Entwicklungen der Zukunft zu bewältigen. Es sind große Veränderungen zu erkennen, die eine Umstrukturierung des Gesundheitswesens erfordern. Im nun nachfolgenden Kapitel werden daher einige Handlungsempfehlungen aufgeführt, die grundlegend sind, um neue Maßnahmen anzustoßen und zu verankern.

7 Handlungsempfehlungen

Eine Analyse der Probleme und Herausforderungen eines Unternehmens ist immer nur dann erfolgreich, wenn sich Maßnahmen daraus ergeben. Dazu sind vor allem die Ziele wichtig, die ein Unternehmen anstrebt, aber auch die Vorschläge der Mitarbeiter zur Verbesserung der Arbeitssituation (BGW, 2014).

Als erstes sollte ein altersgemischtes Team in stationären Einrichtungen angestrebt werden. Ältere Mitarbeiter greifen auf viel Erfahrung zurück und können sich besser mit dem Unternehmen identifizieren, jüngere Mitarbeiter hingegen haben eine bessere Konstitution und mehr Körperkraft. Gleichzeitig bringen sie neue Ideen in den Pflegealltag ein. Ältere können ihre Erfahrungen weitergeben und die Jüngeren so unterstützen, während die jüngeren Mitarbeiter rückenbelastende Tätigkeiten übernehmen und bei der Einführung neuer Techniken helfen können. Diese Teams können dann auch eigenverantwortlich Tätigkeiten organisieren und sich mit unterschiedlichen Kompetenzen ergänzen. Der Zusammenhalt in Teams ist meist stark ausgeprägt (BGW, 2014).

Weiterhin ist das Führungsverhalten der Vorgesetzten maßgeblich für die Leistungsbereitschaft der Mitarbeiter. Dazu gehören z.B. Personalentwicklungsgespräche, um Anerkennung und Motivation zu vermitteln. Gleichzeitig lassen sich Schwachstellen ermitteln, die eine individuelle Präventionsmaßnahme erfordern. Auch mögliche Entwicklungsoptionen in Bezug auf den Beruf können besprochen werden. (BGW, 2014)

Des Weiteren sollte es aufgrund des fehlenden Nachwuchses Maßnahmen geben, die die Bindung der aktuellen Mitarbeiter fördert. So sollte es vor allem für ältere Mitarbeiter die Möglichkeit geben, Sonderaufgaben zu übernehmen. Pflegekräfte die körperlich weniger belastbar sind, können so ihre Erfahrungen und Kompetenzen als Hygienebeauftragte, als Spezialisten für Wundversorgung oder in der Demenzbetreuung anbringen. Dadurch werden auch die geringen Aufstiegschancen ein wenig kompensiert, die Mitarbeiter fühlen sich wertgeschätzt und haben auch in höherem Alter noch eine Perspektive (BGW, 2014).

Ebenfalls von großer Bedeutung ist die Anpassung der Arbeitszeiten. Dabei geht es hauptsächlich darum, eine effektive Arbeitsverteilung zu erreichen, die das Team entlastet und auf die Bedürfnisse der unterschiedlichen Gruppen (Ältere, Eltern) eingeht. So können z.B. Alleinerziehende mit bestimmten Arbeitszeiten Beruf und Kinderbetreuung besser verbinden, für einige Ältere ist es hingegen von Vorteil nur noch Teilzeit zu arbeiten. Dazu benötigt es neue Arbeitszeitmodelle, die eine

Veränderung im Schichtsystem hervorrufen. Die Einführung von Jahresarbeitszeitkonten und die Möglichkeit zu flexiblen oder reduzierten Arbeitszeiten sind mögliche Ansatzpunkte. Dazu dienen z.B. Ampelkonten zur flexiblen Regelung der Über- und Minusstunden. Um überlastete Mitarbeiter zu entlasten, wäre eventuell auch eine Job-Rotation sinnvoll. Dies könnte z.B. durch die Einführung eines „Bürotages" erfolgen. Dazu müsste zunächst überlegt werden, welche anderen Tätigkeiten außer der Pflege noch zur Verfügung stehen und wie diese verteilt werden können. (BGW, 2014)

Darüber hinaus ist es wichtig, dass Pflegekräfte Auszeiten erhalten. Die Arbeit sollte so organisiert sein, dass Pflegekräfte regelmäßig Pausen einplanen können. Dazu sollte ein Pausenraum zur Verfügung stehen, der ohne Störungen von außen genutzt werden kann. Ein weiterer wichtiger Punkt ist es, die Kompetenzen der Mitarbeiter kontinuierlich auszubauen, denn qualifizierte Mitarbeiter können sich schneller auf neue Anforderungen im Pflegeprozess einstellen (BGW, 2014). Dieser Punkt ist vor allem für die Digitalisierung von großer Bedeutung, denn die Pflegekräfte fühlen sich im Umgang mit neuen Techniken häufig unsicher. Für bereits ausgebildetes Pflegepersonal sollten daher Weiterbildungen eingeführt werden, die die situationsgerechte Verwendung technischer Innovationen und den Umgang mit Störungen bei IKT- Produkten lehren. Zusätzlich sollte die Ausbildung für Nachwuchskräfte so erweitert werden, dass Technik- und Digitalisierungskompetenzen bereits während der Ausbildung erworben werden können (DIP, 2017).

Weitere wichtige Handlungsempfehlungen zu der Digitalisierung der Pflege sind u.a., dass die bereits bestehenden Technologien getestet und die Ergebnisse veröffentlicht werden, damit die Auswirkungen auf den Pflegealltag transparenter werden. Außerdem ist es wichtig, die Refinanzierung neuer Technologien zu sichern, damit es leichter ist, die Produkte serienreif zu machen. Des Weiteren sollen technische Assistenzsysteme in den Hilfsmittelkatalog aufgenommen werden, so dass sie von den Krankenkassen erstattet werden können. Gerade neue Technologien sind häufig nicht gelistet (BGW, 2017). Von großer Bedeutung ist außerdem die gemeinsame Entwicklung neuer Technologien. Denn neue Projekte sollen sich zukünftig mehr an den Bedürfnissen der Leistungsempfänger orientieren. Daher ist eine Kooperation von Technikentwicklern und Pflegekräften unumgänglich, um die Produkte benutzerfreundlich zu gestalten (DIP, 2017).

Es wurden ein paar grundlegende Maßnahmen aufgeführt, die erst umgesetzt werden müssen, um neue Lösungsansätze möglich zu machen. Erst wenn diese Handlungsempfehlungen umgesetzt werden, können Lösungsansätze wie das Employer

Branding oder die Digitalisierung greifen. Diese Maßnahmen führen natürlich auch zu einer Steigerung der Attraktivität und einer besseren Zufriedenheit der Pflegekräfte und sind der erste Schritt zu einer Verbesserung für den Pflegeberuf. Nachfolgend wird nun ein abschließendes Fazit verfasst.

8 Fazit und Ausblick

In Bezug auf die Fragestellung lässt sich nun bezeugen, dass die stationären Einrichtungen in Zukunft vor großen Herausforderungen stehen. Es hat sich erwiesen, dass die aktuellen Bedingungen in der Pflege dazu führen, dass die steigende Anzahl älterer, multimorbider und pflegebedürftiger Menschen ohne Veränderungen dazu führen wird, dass es zu einer Unterversorgung bzw. einer mangelnden Versorgungsqualität kommt. Die schlechten Arbeitsbedingungen im Pflegeberuf sind alarmierend und dass, obwohl der Pflegeberuf in Zukunft einen wichtigen Stellenwert in der Gesellschaft einnehmen wird. Ohne eine handfeste Veränderung in den Pflegeberufen und einer Aufstockung des Pflegepersonals, wird der zukünftige Pflegebedarf nicht zu decken sein. Dem Pflegeberuf mangelt es an Attraktivität und Anreizen für Nachwuchskräfte, diesen Beruf zu ergreifen. Lösungsansätze wie das Employer Branding oder die Digitalisierung müssen vorangebracht und gefördert werden, um aktiv etwas gegen die schlechten Bedingungen in der Pflege zu unternehmen und Personal zu gewinnen und zu binden. Noch gibt es jedoch Defizite in Bezug auf die Forschung. Das Employer Branding erfreut sich einer großen Popularität, wurde bislang jedoch nicht empirisch belegt und erforscht (Kanning, 2017). Gleiches gilt für die Digitalisierung, von der es aktuell zu wenig Erkenntnisse über den Einsatz und die Auswirkungen moderner Technologien gibt (BGW, 2017). Die Forschung hat daher in den nächsten Jahren noch einiges nachzuholen, um neue Projekte für die Pflege alltagstauglich zu machen. Nur wenn sich etwas in der Pflege verändert, können die Herausforderungen in Zukunft bewältigt werden.

Literaturverzeichnis

Afentakis, A.; Maier, T. (2010): Projektionen des Personalbedarfs und -angebots in Pflegeberufen bis 2025. Hg. v. Statistisches Bundesamt. Wiesbaden.

Aiken, L.; Sloane, D.; Clarke, S.; Poghosyan, L.; Cho, E.; You, L.; Finlayson, M.; Kanai-Pak, M.; Aungsuroch, Y. (2011): Importance of work environments on hospital outcomes in nine countries. In: *International journal for quality in health care: journal of the International Society for Quality in Health Care* 23 (4), S. 357–364. DOI: 10.1093/intqhc/mzr022.

Alzheimer's Disease International (ADI) (Hg.) (2015): World Alzheimer Report 2015. London.

Au, C. von (2018): Anreizsysteme für Leadership-Organisationen. Wiesbaden: Springer Fachmedien Wiesbaden.

Augurzky, B.; Bünnings, C.; Dördelmann, S. (2016): Die Zukunft der Pflege im Krankenhaus Boris Augurzky, Christian Bünnings, Sandra Dördelmann. Essen: Rheinisch-Westfälisches Institut für Wirtschaftsforschung.

Battegay, E. (2014): Multimorbidität. Eine Herausforderung der Neuzeit.

Benedix, U.; Medjedovic, I. (2014): Gute Arbeit und Strukturwandel in der Pflege. In: *Arbeit und Wirtschaft* (6).

Berlin-Institut für Bevölkerung und Entwicklung (2011): Demenz-Report. Wie sich die Regionen in Deutschland, Österreich und der Schweiz auf die Alterung der Gesellschaft vorbereiten können. 1. Aufl. Berlin.

Bertelsmann Stiftung (Hg.) (2012): Themenreport „Pflege 2030". Was ist zu erwarten - was ist zu tun? Gütersloh.

Berufsgenossenschaft für Gesundheitsdienst und Wohlfahrtspflege (BGW) (Hg.) (2014): Älter werden im Pflegeberuf. Hamburg.

Berufsgenossenschaft für Gesundheitsdienst und Wohlfahrtspflege (BGW) (Hg.) (2017): Pflege 4.0. Einsatz moderner Technologien aus der Sicht professionell Pflegender. Forschungsbericht. Hamburg.

Bickel, H. (2010): Epidemiologie der Demenz. Hg. v. Deutsche Alzheimer Gesellschaft e.V. Berlin.

Biernoth, M. (2016): Employer- und Behavioral Branding im Gesundheitswesen. Wiesbaden: Springer Fachmedien Wiesbaden.

Birg, H-; Flöthmann, E. J. (2002): Langfristige Trends der demographischen Alterung in Deutschland. In: *Zeitschrift für Gerontologie und Geriatrie* 35 (5), S. 387–399. DOI: 10.1007/s00391-002-0119-0.

Bispinck, R.; Dribbusch, H.; Öz, F.; Stoll, E. (2013): Einkommes- und Arbeitsbedingungen in Pflegeberufen. Hg. v. Hans-Böckler-Stiftung. Düsseldorf.

Blum, K.; Löffert, S. (2010): Ärztemangel im Krankenhaus. Hg. v. Deutsche Krankenhausgesellschaft. Düsseldorf.

Böhm, K.; Tesch-Römer, C.; Ziese, T. (2009): Gesundheit und Krankheit im Alter. Berlin: Robert Koch-Institut (Beiträge zur Gesundheitsberichterstattung des Bundes).

Bräutigam, C. (2017): Digitalisierung im Krankenhaus. Mehr Technik-bessere Arbeit? Hg. v. Hans-Böckler-Stiftung.

Bräutigam, C.; Dahlbeck, E.; Enste, P.; Evans, M.; Hilbert, J. (2010): Flexibilisierung und Leiharbeit in der Pflege. Hg. v. Hans-Böckler-Stiftung.

Buckmann, J. (2013): Einstellungssache. Personalgewinnung mit Frechmut und Können. Wiesbaden: Springer Fachmedien Wiesbaden.

Bundesanstalt für Arbeitsschutz und Arbeitsmedizin (Hg.) (2015): Intelligente Technik in der beruflichen Pflege. Von den Chancen und Risiken einer Pflege 4.0. Berlin.

Bundesinstitut für Bevölkerungsforschung (Hg.) (2016): Bevölkerungsentwicklung. Daten, Fakten, Trends zum demographischen Wandel. Wiesbaden.

Bundesministerium für Familie, Senioren, Frauen (Hg.) (o.D.): Demenzformen. (Suchverlauf: Informationen - Medizinischer Hintergrund - Mögliche Demenzformen). Online verfügbar unter https://www.wegweiser-demenz.de, zuletzt geprüft am 18.05.2018.

Bundesministerium für Familie, Senioren, Frauen (Hg.) (2012): Altern im Wandel. Zentrale Ergebnisse des deutschen Alterssurveys (DEAS). Berlin.

Bundesministerium für Gesundheit (Hg.) (2017): Zahlen und Fakten zur Pflegeversicherung. Online verfügbar unter https://www.bundesgesundheitsministerium.de/fileadmin/Dateien/3_Downloads/Statistiken/Pflegeversicherung/Zahlen_und_Fakten/Zahlen_und_Fakten.pdf, zuletzt aktualisiert am 20.10.2017, zuletzt geprüft am 28.05.2018.

Bundesministerium für Gesundheit (Hg.) (2018): Beschäftigte in der Pflege. (Suchverlauf: Themen - Pflege - Pflegekräfte - Beschäftigte). Online verfügbar unter https://www.bundesgesundheitsministerium.de, zuletzt aktualisiert am 20.03.2018, zuletzt geprüft am 17.05.2018.

Bundesministerium für Wirtschaft (BMWi) (Hg.) (2012): Chancen zur Gewinnung von Fachkräften in der Pflegewirtschaft. Berlin.

Bundesministerium für Wirtschaft (BMWi) (Hg.) (2016): Handlungsempfehlungen für die Fachkräftegewinnung in der Altenpflege. Auszug aus der Studie „Begleitung des Pilotprojekts Fachkräftegewinnung für die Pflegewirtschaft". Berlin.

Bundesverband Digitale Wirtschaft (BVDW) e.V. (Hg.) (2017): Digitale Pflege. Digitalisierung als Schlüssel für ein gutes Leben in einer älter werdenden Gesellschaft. Düsseldorf.

Buxel, H. (2011): Was Pflegekräfte unzufrieden macht. In: *Deutsches Ärzteblatt* 108 (17).

Chen, L.; Magliano, D.; Zimmet, P. (2011): The worldwide epidemiology of type 2 diabetes mellitus-present and future perspectives. In: *Nature reviews. Endocrinology* 8 (4), S. 228–236. DOI: 10.1038/nrendo.2011.183.

DAK-Gesundheit (Hg.) (2017): Gesundheitsreport 2017. Analyse der Arbeitsunfähigkeitsdaten. Hamburg.

Daum, M. (2017): Digitalisierung und Technisierung der Pflege in Deutschland. Aktuelle Trends und ihre Folgewirkungen auf Arbeitsorganisation, Beschäftigung und Qualifizierung. Hg. v. DAA-Stiftung Bildung und Beruf.

Deutsche Alzheimer Gesellschaft e.V. (Hg.) (2014): Die Häufigkeit von Demenzerkrankungen. Berlin.

Deutsches Institut für angewandte Pflegeforschung e.V. (DIP) (Hg.) (2014): Pflegethermometer 2014. Eine bundesweite Befragung von leitenden Pflegekräften zur Pflege und Patientenversorgung von Menschen mit Demenz im Krankenhaus. Köln.

Deutsches Institut für angewandte Pflegeforschung e.V. (DIP) (Hg.) (2017): e-Pflege. Informations- und Kommunikationstechnologie für die Pflege. Berlin.

Deutsches Institut für angewandte Pflegeforschung e.V. (DIP) (Hg.) (2018): Pflege-Thermometer 2018. Eine bundesweite Befragung von Leitungskräften zur Situation der Pflege und Patientenversorgung in der teil-/vollstationären Pflege. Berlin.

Dilcher, B.; Hammerschlag, L.; Althoff, J. (2012): Effiziente Strukturen und attraktive Arbeitsplätze im Krankenhaus? Das muss kein Widerspruch sein! In: Bettina Dilcher und Lutz Hammerschlag (Hg.): Klinikalltag und Arbeitszufriedenheit. Wiesbaden: Springer Fachmedien Wiesbaden, S. 3–26.

Dodel, R. (2014): Multimorbidität. Konzept, Epidemiologie, Versorgung. In: *Der Nervenarzt* 85 (4), S. 401–408. DOI: 10.1007/s00115-013-3937-y.

Edwards, M. (2009): An integrative review of employer branding and OB theory. In: *Personnel Review* 39 (1), S. 5–23. DOI: 10.1108/00483481011012809.

Ewers, M. (2010): Vom Konzept zur klinischen Realität – Desiderata und Perspektiven in der Forschung über die technikintensive häusliche Versorgung in Deutschland. In: *Pflege & Gesellschaft* 15 (4).

Feinstein, A. (1970): The pre-therapeutic classification of co-morbidity in chronic disease. In: *Journal of Chronic Diseases* 23 (7), S. 455–468. DOI: 10.1016/0021-9681(70)90054-8.

Freiling, T. (2009): Älter werden in der Krankenhauspflege – Studienergebnisse zur Bedarfslage und Handlungsoptionen einer demografiefesten Personalpolitik. Hg. v. Forschungsinstitut betriebliche Bildung (f-bb). Nürnberg.

Freiling, T. (2015): Bewältigung demografiebedingter Herausforderungen in Pflegeberufen. Lösungsansätze und Praxisbeispiele. Hg. v. Forschungsinstitut betriebliche Bildung (f-bb). Nürnberg.

Fuchs, J.; Busch, M.; Lange, C.; Scheidt-Nave, C. (2012): Prevalence and patterns of morbidity among adults in Germany. Results of the German telephone health interview survey German Health Update (GEDA) 2009. In: *Bundesgesundheitsblatt, Gesundheitsforschung, Gesundheitsschutz* 55 (4), S. 576–586. DOI: 10.1007/s00103-012-1464-9.

Gesellschaft für Wirtschaftliche Strukturforschung mbH (Hg.) (2016): Struktur des Pflegemarktes in Deutschland und Potentiale seiner Entwicklung.

Gigerenzer, G.; Schlegel-Matthies, K.; Wagner, G. (2016): Digitale Welt und Gesundheit. eHealth und mHealth – Chancen und Risiken der Digitalisierung im Gesundheitsbereich. Hg. v. Sachverständigenrat (SVR). Berlin.

Glaser, J.; Höge, Th. (2005): Probleme und Lösungen in der Pflege aus Sicht der Arbeits- und Gesundheitswissenschaften. Hg. v. Bundesanstalt für Arbeitsschutz und Arbeitsmedizin.

Gößwald, A.; Schienkiewitz, A.; Nowossadeck, E.; Busch, M. A. (2013): Prävalenz von Herzinfarkt und koronarer Herzkrankheit bei Erwachsenen im Alter von 40 bis 79 Jahren in Deutschland. Ergebnisse der Studie zur Gesundheit Erwachsener in Deutschland (DEGS1). In: *Bundesgesundheitsblatt, Gesundheitsforschung, Gesundheitsschutz* 56 (5-6), S. 650–655. DOI: 10.1007/s00103-013-1666-9.

Graf, B.; Heyer, T.; Klein, B.; Wallhoff, F. (2013): Servicerobotik für den demografischen Wandel. Mögliche Einsatzfelder und aktueller Entwicklungsstand. In: *Bundesgesundheitsblatt, Gesundheitsforschung, Gesundheitsschutz* 56 (8), S. 1145–1152. DOI: 10.1007/s00103-013-1755-9.

Hämel, K.; Schaeffer, D. (2013): Who cares? Fachkräftemangel in der Pflege. In: *ZSR* 59 (4), S. 413–431.

Hämel, K.; Schaeffer, D. (2012): Fachkräftemangel in der Pflege – viel diskutiert, politisch ignoriert? In: *GuS* 66 (1), S. 41–49. DOI: 10.5771/1611-5821-2012-1-41.

Härle, T.; Elsässer, A. (2014): Akutversorgung des akuten Myokardinfarktes. In: *Kardiologe* 8 (1), S. 72–77. DOI: 10.1007/s12181-013-0545-9.

Hawig, D. (2017): Pflege 4.0 Herausforderungen der Digitalisierung für die Pflege. In: *Transition* (1).

Hesse, G.; Mayer, K.; Rose, N.; Fellinger, C. (2015): Herausforderungen für das Employer Branding und deren Kompetenzen. In: Gero Hesse und Roland Mattmüller (Hg.): Perspektivwechsel im Employer Branding. Wiesbaden: Springer Fachmedien Wiesbaden, S. 53–104.

Hielscher, V. (2014): Techникeinsatz und Arbeit in der Altenpflege. Hg. v. Institut für Sozialforschung und Sozialwirtschaft e.V. Saarbrücken.

Himsel, C.; Müller, A.; Stops, M.; Walwei, U. (2013): Fachkräfte gesucht – Rekrutierungsprobleme im Gesundheitswesen. In: *Sozialer Fortschritt*.

IGES Institut (Hg.) (2017): Digitalisierung in der ambulanten Pflege. Chancen und Hindernisse.

Institut zur Zukunft der Arbeit (IZA) (Hg.) (2011): Familienfreundliche flexible Arbeitszeiten. Ein Baustein zur Bewältigung des Fachkräftemangels.

Isfort, M.; Weidner, F. (2010): Pflegethermometer 2009. Eine bundesweite Befragung von Pflegekräften zur Situation der Pflege und Patientenversorgung im Krankenhaus. Hg. v. Deutsches Institut für angewandte Pflegeforschung e.V. (DIP). Köln.

Jandová, A. (2011): Attraktive Arbeitsplätze schaffen für Nachwuchs und „alte Hasen". In: *Im OP* 1 (02), S. 73–75. DOI: 10.1055/s-0031-1271612.

Janhsen, K.; Strube, H.; Starker, A. (2008): Hypertonie. Berlin: Robert-Koch-Inst (Gesundheitsberichterstattung des Bundes, H. 43).

Kanning, U. (2017): Personalmarketing, Employer Branding und Mitarbeiterbindung. Berlin, Heidelberg: Springer Berlin Heidelberg.

Kriegler, W. (2015): Praxishandbuch Employer Branding. Mit starker Marke zum attraktiven Arbeitgeber werden. 2. Aufl. Freiburg [u.a.]: Haufe.

Kutschke, A. (2014): Pflegenotstand und Fachkräftemisere. In: *Heilberufe/Das Pflegemagazin* 66 (4).

Latzel, J.; Dürig, U.M.; Peters, K.; Weers, J.-P. (2015): Marke und Branding. In: Gero Hesse und Roland Mattmüller (Hg.): Perspektivwechsel im Employer Branding. Wiesbaden: Springer Fachmedien Wiesbaden, S. 17–51.

Le Reste, J.Y.; Nabbe, P.; Manceau, B.; Lygidakis, C.; Doerr, C.; Lingner, H.; Czachowski, S.; Munoz, M.; Argyriadou, S.; Claveria, A.; Le Floch, B.; Barais, M.; Bower, P.; van Marwijk, H.; van Royen, P.; Lietard, C. (2013): The European General Practice Research Network presents a comprehensive definition of multimorbidity in family medicine and long term care, following a systematic review of relevant literature. In: *Journal of the American Medical Directors Association* 14 (5), S. 319–325. DOI: 10.1016/j.jamda.2013.01.001.

Leicht, H.; König, H-H (2012): Krankheitskosten bei Demenz aus gesellschaftlicher Perspektive. Eine Übersicht. In: *Bundesgesundheitsblatt, Gesundheitsforschung, Gesundheitsschutz* 55 (5), S. 677–684. DOI: 10.1007/s00103-012-1472-9.

Lill, C. M.; Klein, C. (2017): Epidemiologie und Ursachen der Parkinson-Erkrankung. In: *Der Nervenarzt* 88 (4), S. 345–355. DOI: 10.1007/s00115-017-0288-0.

Luppa, M.; Luck, T.; Weyerer, S.; König, H.-H.; Brähler, E.; Riedel-Heller, S. (2010): Prediction of institutionalization in the elderly. A systematic review. In: *Age and ageing* 39 (1), S. 31–38. DOI: 10.1093/ageing/afp202.

Mattmüller, R.; Buschmann, A. (2015): Marketing. Das Management aller Zielgruppen. In: Gero Hesse und Roland Mattmüller (Hg.): Perspektivwechsel im Employer Branding. Wiesbaden: Springer Fachmedien Wiesbaden, S. 1–16.

Menning, S.; Nowossadeck, E.; Maretzke, S. (2010): Regionale Aspekte der demographischen Alterung. In: *Report Altersdaten* (1-2).

Nowossadeck, E. (2012): Demographische Alterung und Folgen für das Gesundheitswesen. Hg. v. Robert Koch-Institut (GBE kompakt, 3).

Nowossadeck, E. (2013a): Pflegekräfte in Zeiten des demografischen Wandels. Probleme, Herausforderungen und Lösungsstrategien. In: *Bundesgesundheitsblatt, Gesundheitsforschung, Gesundheitsschutz* 56 (8), S. 1037–1039. DOI: 10.1007/s00103-013-1741-2.

Nowossadeck, S. (2013b): Demografischer Wandel, Pflegebedürftige und der künftige Bedarf an Pflegekräften. Eine Übersicht. In: *Bundesgesundheitsblatt, Gesundheitsforschung, Gesundheitsschutz* 56 (8), S. 1040–1047. DOI: 10.1007/s00103-013-1742-1.

Pan-Montojo, F.; Reichmann, H. (2015): Ursache der Parkinson-Krankheit. Braak revisited. In: *Akt Neurol* 41 (10), S. 573–578. DOI: 10.1055/s-0034-1387475.

Petkovic, M. (2008): Employer Branding. Ein markenpolitischer Ansatz zur Schaffung von Präferenzen bei der Arbeitgeberwahl. 2. Aufl.: Rainer Hampp Verlag.

Pinkert, C.; Holle, B. (2012): Menschen mit Demenz im Akutkrankenhaus. Literaturübersicht zu Prävalenz und Einweisungsgründen. In: *Zeitschrift für Gerontologie und Geriatrie* 45 (8), S. 728–734. DOI: 10.1007/s00391-012-0319-1.

Pompe, H.-G. (2012): Boom-Branchen 50plus [Elektronische Ressource]. Wie Unternehmen den Best-Ager-Markt für sich nutzen können. Wiesbaden: Gabler Verlag.

Quentin, W.; Riedel-Heller, S. G.; Luppa, M.; Rudolph, A.; König, H-H (2010): Cost-of-illness studies of dementia. A systematic review focusing on stage dependency of costs. In: *Acta psychiatrica Scandinavica* 121 (4), S. 243–259. DOI: 10.1111/j.1600-0447.2009.01461.x.

Robert Koch-Institut (2006): Koronare Herzkrankheit und akuter Myokardinfarkt. Berlin (Gesundheitsberichterstattung des Bundes, 33).

Robert Koch-Institut (2014): Faktenblatt zu GEDA 2012- Ergebnisse der Studie Gesundheit in Deutschland aktuell. Bluthochdruck. Berlin.

Robert Koch-Institut (2015a): Welche Auswirkungen hat der demografische Wandel auf Gesundheit und Gesundheitsversorgung?

Robert Koch-Institut (2015b): Wie gesund sind die älteren Menschen?

Robert Koch-Institut (2015c): Wie steht es um unsere Gesundheit?

Robert Koch-Institut (2015d): Gesundheit in Deutschland. Gesundheitsberichterstattung des Bundes: gemeinsam getragen von RKI und DESTATIS.

Robert Koch-Institut (2016): Prävalenz von Diabetes mellitus.

Robert Koch-Institut (2017): 12-Monats-Prävalenz einer koronaren Herzkrankheit in Deutschland.

Rothgang, H.; Kalwitzki, T.; Müller, R.; Runte, R.; Unger, R. (2015): Barmer GEK Pflegereport 2015. Siegburg, Siegburg: Asgard-Verl.-Service (Schriftenreihe zur Gesundheitsanalyse, 36).

Sachverständigenrat (SVR) (Hg.) (2009): Koordination und Integration - Gesundheitsversorgung in einer Gesellschaft des längeren Lebens.

Sachverständigenrat (SVR) (Hg.) (2014): Bedarfsgerechte Versorgung - Perspektiven für ländliche Regionen und ausgewählte Leistungsbereiche.

Scheidt-Nave, C.; Richter, S.; Fuchs, J.; Kuhlmey, A. (2010): Herausforderungen an die Gesundheitsforschung für eine alternde Gesellschaft am Beispiel "Multimorbidität". In: *Bundesgesundheitsblatt, Gesundheitsforschung, Gesundheitsschutz* 53 (5), S. 441–450. DOI: 10.1007/s00103-010-1052-9.

Schönberg, G. (2012): Personalentwicklung im demografischen Wandel als Chance für das Krankenhaus. In: Bettina Dilcher und Lutz Hammerschlag (Hg.): Klinikalltag und Arbeitszufriedenheit. Wiesbaden: Springer Fachmedien Wiesbaden, S. 231-256.

Schüle, K. (2013): Multimorbidität im Alter. In: *Bewegungstherapie und Gesundheitssport*, S. 198-201.

Simon, M. (2015): Unterbesetzung und Personalmehrbedarf im Pflegedienst der allgemeinen Krankenhäuser. Hannover.

Sponheuer, B. (2010): Employer Branding als Bestandteil einer ganzheitlichen Markenführung [Elektronische Ressource] von Birgit Sponheuer. Zugl.: Leipzig, Graduate School of Management, Diss., 2009. Wiesbaden: Gabler.

Sporket, M. (2011): Organisationen im demographischen Wandel. Alternsmanagement in der betrieblichen Praxis. 1. Aufl. Wiesbaden: VS Verlag für Sozialwissenschaften (Dortmunder Beiträge zur Sozialforschung).

Stahl, K.; Nadj-Kittler, M. (2015): Gute Pflege braucht gute Bedingungen. In: *Im OP* 06 (01), S. 20-21. DOI: 10.1055/s-0041-107223.

Statistisches Bundesamt (Hg.) (o.D.): Einrichtungen, Betten und Patientenbewegung. (Suchverlauf: Zahlen & Fakten - Gesellschaft & Staat - Gesundheit - Krankenhäuser - Einrichtungen, Betten und Patientenbewegung). Online verfügbar unter https://www.destatis.de, zuletzt geprüft am 28.05.2018.

Statistisches Bundesamt (Hg.) (o.D.): Gesundheitspersonal nach Berufen und Art der Beschäftigung in 1000.(Suchverlauf: Zahlen & Fakten, Gesellschaft & Staat - Gesundheit - Gesundheitspersonal - nach Berufen und Art der Beschäftigung). Online verfügbar unter https://www.destatis.de, zuletzt geprüft am 23.05.2018.

Statistisches Bundesamt (Hg.) (o.D.): Gesundheitspersonal nach Einrichtungen und Geschlecht in 1000. (Suchverlauf: Zahlen & Fakten, Gesellschaft & Staat - Gesundheit - Gesundheitspersonal - nach Einrichtungen und Geschlecht). Online verfügbar unter https://www.destatis.de, zuletzt geprüft am 23.05.2018.

Statistisches Bundesamt (Hg.) (2010): Demografischer Wandel in Deutschland. Auswirkungen auf Krankenhausbehandlungen und Pflegebedürftige im Bund und in den Ländern.

Statistisches Bundesamt (Hg.) (2015a): Bevölkerung Deutschlands bis 2060.13. koordinierte Bevölkerungsvorausberechnung. Wiesbaden.

Statistisches Bundesamt (Hg.) (2015b): Die Generation 65+ in Deutschland. Wiesbaden.

Statistisches Bundesamt (Hg.) (2016a): Ältere Menschen in Deutschland und der EU. Wiesbaden.

Statistisches Bundesamt (Hg.) (2016b): Geburtenanstieg setzte sich 2016 fort. (Suchverlauf: Presse & Service - Presse - Pressemitteilungen - Geburtenanstieg setzte sich 2016 fort). Online verfügbar unter https://www.destatis.de, zuletzt aktualisiert am 28.03.2018, zuletzt geprüft am 15.05.2018.

Statistisches Bundesamt (Hg.) (2016c): Mehr Geburten und weniger Sterbefälle im Jahr 2016. (Suchverlauf: Presse & Service - Presse - Pressemitteilungen - Mehr Geburten und weniger Sterbefälle im Jahr 2016). Online verfügbar unter https://www.destatis.de, zuletzt aktualisiert am 15.11.2017, zuletzt geprüft am 15.05.2018.

Statistisches Bundesamt (Hg.) (2016d): Migration 2016: Nettozuwanderung nach Deutschland bei 500 000 Personen. (Suchverlauf: Presse & Service - Presse - Pressemitteilungen - Migration 2016: Nettozuwanderung nach Deutschland bei   500 000 Personen). Online verfügbar unter https://www.destatis.de, zuletzt aktualisiert am 13.03.2018, zuletzt geprüft am 15.05.2018.

Statistisches Bundesamt (Hg.) (2017a): Herz-Kreislauf-Erkrankungen verursachen die höchsten Kosten. Online verfügbar unter https://www.destatis.de/DE/PresseService/Presse/Pressemitteilungen/2017/09/PD17_347_236pdf.pdf?_blob=publicationFile, zuletzt aktualisiert am 29.09.2017, zuletzt geprüft am 18.05.2018.

Statistisches Bundesamt (Hg.) (2017b): Pflegestatistik 2015. Pflege im Rahmen der Pflegeversicherung/ Deutschlandergebnisse. Wiesbaden.

Statistisches Bundesamt (Hg.) (2018): Durchschnittliche Lebenserwartung(Periodensterbetafel): Deutschland, Jahre, Geschlecht, Vollendetes Alter. (Suchverlauf: Tabellen: Code: 12621-0002). Online verfügbar unter https://www-genesis.destatis.de, zuletzt geprüft am 24.05.2018.

Steg, Ph.; James, S. K.; Atar, D.; Badano, L. P.; Blömstrom-Lundqvist, C.; Borger, M.; Di Mario, C.; Dickstein, K.; Ducrocq, G.; Fernandez-Aviles, F.; Gershlick, A. H.; Giannuzzi, P.; Halvorsen, S.; Huber, K.; Juni, P.; Kastrati, A.; Knuuti, J.; Lenzen, M. J.; Mahaffey, K. W.; Valgimigli, M.; van 't Hof, A.; Widimsky, P.; Zahger, D. (2012): ESC Guidelines for the management of acute myocardial infarction in patients presenting with ST-segment elevation. In: *European heart journal* 33 (20), S. 2569–2619. DOI: 10.1093/eurheartj/ehs215.

Tenbensel, C. (2012): Entwicklungsperspektiven in der Pflege. In: Bettina Dilcher und Lutz Hammerschlag (Hg.): Klinikalltag und Arbeitszufriedenheit. Wiesbaden: Springer Fachmedien Wiesbaden, S. 215–230.

Thieme, F. (2008): Alter(n) in der alternden Gesellschaft. Eine soziologische Einführung in die Wissenschaft vom Alter(n). Wiesbaden: VS Verl. für Sozialwissenschaften

Unger, R.; Giersiepen, K.; Windzio, M. (2015): Pflegebedürftigkeit im Lebensverlauf. In: *Köln Z Soziol* 67 (S1), S. 193–215. DOI: 10.1007/s11577-015-0312-y.

van Bogaert, P.; Timmermans, O.; Weeks, S. M.; van Heusden, D.; Wouters, K.; Franck, E. (2014): Nursing unit teams matter. Impact of unit-level nurse practice environment, nurse work characteristics, and burnout on nurse reported job outcomes, and quality of care, and patient adverse events--a cross-sectional survey. In: *International journal of nursing studies* 51 (8), S. 1123–1134. DOI: 10.1016/j.ijnurstu.2013.12.009.

van den Bussche, H.; Heinen, I.; Koller, D.; Wiese, B.; Hansen, H.; Schäfer, I. Scherer, M.; Glaeske, G.; Schön, G. (2014): Die Epidemiologie von chronischen Krankheiten und Pflegebedürftigkeit. Eine Untersuchung auf der Basis von Abrechnungsdaten der gesetzlichen Krankenversicherung. In: *Zeitschrift für Gerontologie und Geriatrie* 47 (5), S. 403–409. DOI: 10.1007/s00391-013-0519-3.

van den Bussche, H.; Koller, D.; Kolonko, T.; Hansen, H.; Wegscheider, K.; Glaeske, G.; Leitner, E-C. von; Schäfer, I.; Schön, G. (2011): Which chronic diseases and disease combinations are specific to multimorbidity in the elderly? Results of a claims data based cross-sectional study in Germany. In: *BMC public health* 11, S. 101. DOI: 10.1186/1471-2458-11-101.

van Hoye, G.; Lievens, F. (2007): Investigating Web-Based Recruitment Sources. Employee testimonials vs word-of-mouse. In: *Int J Selection & Assessment* 15 (4), S. 372–382. DOI: 10.1111/j.1468-2389.2007.00396.x.

WifOR Wirtschaftsforschung (Hg.) (2010): Fachkräftemangel. Stationärer und ambulanter Bereich bis zum Jahr 2030.

Wübker, A. (2015): Herausforderungen für die Altenpflege der Zukunft: Rasant ansteigender Bedarf an Pflegeplätzen, Fachkräftemangel und erschwerte Bedingungen für Investoren gefährden die Versorgungssicherheit. Hg. v. Leibniz-Institut für Wirtschaftsforschung. Essen.

Zander, B.; Dobler, L.; Busse R. (2011): Studie spürt Gründen für Burnout nach. Psychische Erkrankungen kommen in der Pflegebranche überproportional häufig vor. In: *Pflegezeitschrift* 64 (2).

Zander, B.; Dobler, L.; Busse, R. (2013): The introduction of DRG funding and hospital nurses' changing perceptions of their practice environment, quality of care and satisfaction. Comparison of cross-sectional surveys over a 10-year period. In: *International journal of nursing studies* 50 (2), S. 219–229. DOI: 10.1016/j.ijnurstu.2012.07.008.

Zok, K. (2011): Erwartungen an eine Pflegereform. In: *WIDo-Monitor* 8 (2).